처음
세계사

처음 세계사

❽ 제국주의와 제1차 세계 대전

초판 1쇄 발행 2016년 7월 19일
초판 3쇄 발행 2022년 6월 10일

글 초등 역사 교사 모임   그림 한동훈, 이희은
감수 서울대 뿌리 깊은 역사 나무
발행인 양원석   **발행처** (주)알에이치코리아(등록 2004년 1월 15일 제2-3726호)
주소 서울시 금천구 가산디지털2로 53, 20층(한라시그마밸리)
편집 문의 02-6443-8921   도서 문의 02-6443-8800
홈페이지 www.rhk.co.kr
블로그 blog.naver.com/randomhouse1   포스트 post.naver.com/junior_rhk
인스타그램 @junior_rhk   페이스북 facebook.com/rhk.co.kr

ISBN 978-89-255-5945-2 (74900)
ISBN 978-89-255-2418-4 (세트)

※ 제조자명 (주)알에이치코리아 | 제조국명 대한민국 | 사용연령 8세 이상
※ 종이에 손이 베이거나 모서리에 다치지 않게 주의하세요.
※ 잘못 만들어진 책은 구입하신 곳에서 바꾸어 드립니다.

8 제국주의와 제1차 세계 대전

처음 세계사

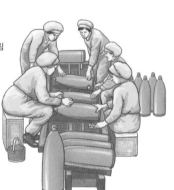

초등 역사 교사 모임 글 | 한동훈 · 이희은 그림

서울대 뿌리 깊은 역사 나무 감수

주니어 RHK

타임머신을 타고 떠나는 세계사 여행

세계사 속에는 아주 많은 인물과 사건이 담겨 있습니다. 그래서 어린이가 너무 복잡하고, 어렵다고 생각하여 쉽게 포기해 버릴 수도 있지요. 하지만 세계사가 꼭 복잡하고, 어렵기만 한 것은 아닙니다.

넓은 땅을 정복한 알렉산드로스 대왕의 이야기, 초원의 황제 칭기즈 칸의 이야기는 한 편의 영화 같은 흥미진진한 모험담이기도 합니다. 그뿐인가요? 우리와 가까운 이웃 나라 일본과 중국의 이야기는 친숙하고 흥미롭습니다. 조금은 먼 나라여서 낯설기도 하지만, 그만큼 신비하고 새로운 페르시아와 아프리카의 이야기도 있지요. 세상 어디에 내놓아도 자랑스러운 한글을 만든 세종대왕, 목숨을 걸고 나라를 지킨 안중근 의사의 이야기는 애국심과 감동도 느끼게 합니다.

이 모든 사람과 나라가 어우러져 만들어 낸 이야기가 바로 세계사입니다. 〈처음 세계사〉는 이 이야기를 동화처럼, 옛날이야기처럼, 영화처럼 신 나고 흥미롭게 풀어서 보여 주지요. 세계사가 복잡하고, 어렵다는 생각을 잠시 내려놓고 책을 펼쳐 보세요. 세상 그 어떤 이야기보다 재미있는 이야기를 만나 볼 수 있을 거예요.

세계사는 다른 나라의 이야기가 아니라 곧 '우리'의 이야기입니다. 오늘날 우리는 하루 이틀이면 지구상의 어느 곳이든 갈 수 있는데다가, 우리가 살고 있는 지금 순간순간이 내일의 세계사가 될 테니까요.

역사는 흔히 미래를 내다보는 거울이라는 말이 있지요. 우리는 곧 더 넓은 세상으로 나가, 때로는 그들과 경쟁하며, 혹은 큰 목표를 함께 이루기도 할 것입니다. 그리고 우리가 알고 있는 역사가 교훈이 되고, 안내자가 되어 넓은 세상으로의 길을 함께해 줄 것입니다.

자, 이제 타임머신을 타고 세계사를 여행할 시간입니다. 〈처음 세계사〉를 통해 오늘날 우리의 모습과 내일을 찾아보세요!

초등 역사 교사 모임

처음 세계사

〈처음 세계사〉는 초등학교 선생님과 동화 작가 선생님이 어린이가 세계사와

친해질 수 있도록 쉽고 재미있게 풀어 쓴 세계사 이야기입니다.

재미와 정보를 주는 그림과 사진, 쏙 빠져드는 이야기로 실제 역사를 모험하듯

세계사의 전체적인 흐름을 자연스럽게 익힐 수 있습니다.

역사 속 인물이 직접 전해 주는
이야기를 통해 당시 시대적 특징을
재미있게 알아볼 수 있어요.

역사 속 사건과 유물, 인물 등을
그림과 사진으로 함께 구성하여
친절하게 설명했어요.

깊이 보는 역사 페이지를 통해
각 장의 내용을 한 번 더 정리하고,
본문에서 미처 다루지 못했던
흥미로운 이야기를 들려줍니다.

중요한 사건들을 연표를 통해
한번에 파악할 수 있어요.
각 나라와 시대를 대표하는 유물 사진과
그림을 보며 세계사의 흐름을 익혀 보세요.

차례

1장 제국주의의 등장과 세계 침략

2장 제1차 세계 대전

3장 러시아 혁명

4장 중국의 근대화와 신해혁명

5장 조선의 시련과 일본 제국주의

1장 제국주의의 등장과 세계 침략

유럽 나라들이 나눠 가진
아프리카

프랑스령 ●　　　영국령 ●
독일령 ●　　　벨기에령 ●
포르투갈령 ●　　　이탈리아령 ●
에스파냐령 ●

에스파냐령

이탈리아령

프랑스령
서아프리카

영국령
이집트,
수단

에티오피아

라이베리아

벨기에령
콩고

독일령
동아프리카

포르투갈령
서아프리카

독일령
서아프리카

남아프리카
연방

보어 전쟁
(1899~1902년)

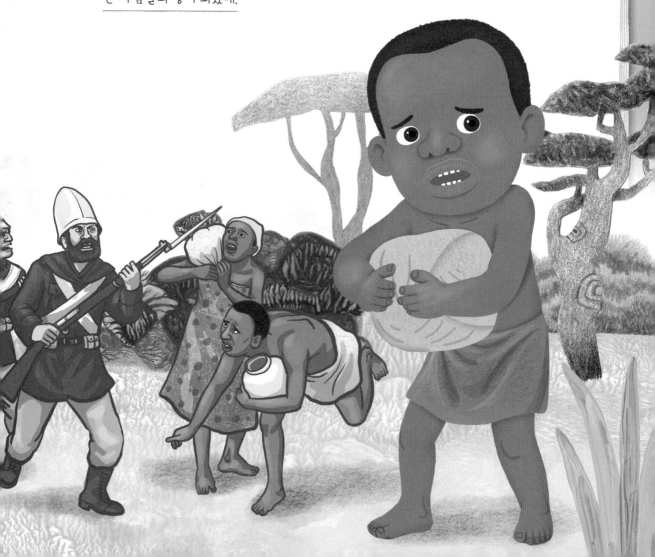

나는 아프리카에 사는 누킨테라고 해. 우리 마을은 아주 평화로웠어. 마을 어른들은 농사를 짓거나 사냥을 하면서 하루를 보내곤 했지. 밤에는 부족들이 함께 모여 사냥한 걸 나누어 먹으며 춤을 추기도 했어. 하지만 어느 날 얼굴이 하얀 군인들이 총칼을 들고 들이닥쳤어. 우리는 마을에서 쫓겨나고 말았지. 얼굴이 하얀 군인들은 어른들을 잡아다 강제로 일을 시켰어. 말을 듣지 않으면 죽이기까지 했고. 그뿐 아니야. 이제 우리 마을은 얼굴이 하얀 사람들의 땅이 되었대.

식민지를 찾아 나선 유럽

"요즘 물건이 안 팔려 회사가 망할 지경이에요."

"우리 회사도 그래요. 이 좁은 나라에서 팔리는 데는 한계가 있으니까요."

19세기 유럽 여러 나라들은 고민에 빠졌어요. 산업 혁명이 유럽 전 지역으로 퍼져 나가 기술이 발전해서 물건은 많이 만들어지는데, 사는 사람의 수는 정해져 있기 때문이었어요. 물건을 다 팔지 못한 기업들은 쓰러졌고 경제는 점점 더 어려워졌어요.

유럽 여러 나라들은 새로운 시장을 찾아 외국으로 눈을 돌렸어요. 아직 기술이 발전하지 못한 나라들이 보였지요. 그런 지역에는 물건을 살 사람도 많았고, 거기서 나는 자원도 싼값에 가져올 수 있을 것 같았어요.

"오호! 이 나라들을 이용하면 돈깨나 벌겠군!"

그런 지역 중 하나가 바로 아프리카였어요.

19세기 중반까지, 아프리카 대륙은 유럽 사람들에게 매우 신비로운 땅이었어요.

이미 신항로 개척 시기부터 아프리카 바닷가에 유럽 여러 나라들이 항구를 세우고 무역을 하느라 북적댔지만, 바다에서 떨어진 내륙 지방까지 관심을 갖지는 않

산업 혁명

18~19세기 유럽 여러 나라의 생산 기술과 사회에 일어난 큰 변화를 말해.

위기에 빠진 리빙스턴
영국의 선교사이자
탐험가로서 1852년부터
1856년에 걸쳐 아프리카
대륙을 횡단했다. 때로는
사자에 물려 목숨을 잃을
뻔하기도 했다.

왔어요. 리빙스턴과 같은 탐험가들이 탐험하는 게 고작
이었지요.

이 신비스러운 아프리카 땅에 가장 먼저 관심을 가진
사람은 벨기에의 레오폴트 2세였어요. 왕자 시절부터
식민지를 만들어 벨기에를 부강한 나라로 만들고 싶어
했지요.

레오폴트 2세는 신하와 국민들에게 이렇게 외쳤어요.
"여러분, 저 바다 너머 아프리카 땅에는 여러분이 만
든 제품을 얼마든지 많이 팔 수 있는 시장이 널려 있습
니다."

그러고는 아프리카의 콩고 분지를 먼저 차지해야 한
다며 의회를 설득했어요. 하지만 의회는 이를 거절했지

레오폴트 2세
벨기에가 1830년 네덜란드
로부터 독립한 이후 두 번째
왕이야.

콩고 분지
아프리카 중서부에 있는 지
역으로 여기에 세계에서 두
번째로 큰 열대 우림이 있어.

헨리 모턴 스탠리

1841년 영국에서 태어나 어려서 고아가 되었어. 하지만 특파원이자 탐험가로 자라나 콩고 자유국을 세울 수 있는 바탕을 만들었어.

콩고는 나 레오폴트 2세의 땅이다!

요. 그래도 레오폴트 2세는 포기하지 않고, 국제 아프리카 협회를 만들어 미국인 헨리 모턴 스탠리를 콩고 분지에 보냈어요.

스탠리는 남북 전쟁에 참가하여 용감하게 싸웠고 아프리카에서 실종되었던 리빙스턴을 구해 낸 경험도 있었어요. 스탠리는 레오폴트 2세가 힘껏 도와준 덕분에 콩고로 들어가는 무역 지도를 그릴 수 있었어요. 그 지역의 원주민 추장과 사이좋게 지내기로 약속하기도 했어요. 그리고 작게나마 무역을 할 수 있는 사무소도 만들었지요.

하지만 레오폴트 2세는 원주민에게서 콩고 땅을 빼앗아 개인 재산으로 삼았어요. 이 지역을 콩고 자유국이라고 이름 붙이고 자신이 통치자가 되었지요. 그러고는 나라 안팎의 상인들에게 말했어요.

"앞으로 콩고는 자유 무역 지역이오. 상인이라면 누구나 자유롭게 무역할 수 있소."

이 소식을 들은 여러 나라가 아프리카 땅 여기저기가 자기네 땅이라고 주장하기 시작했어요. 독일은 아프리카의 동부와 서부 여러 곳을, 포르투갈은 남서부와 남동부 해안을, 프랑스는 서부를 비롯한 북부 일부의 땅을 자기 나라 거라고 주장했어요. 특히 영국은 북동부 해안과 남쪽 끝을 자기네 땅이라 알리는 한편, 서부 해안에 흩어져 있던 작은 왕국들을 완전히 집어삼키고 식민지로 삼았어요. 물론 이곳에 살던 원주민들이 원한 일은 아니었지요.

스탠리가 세운 무역항 레오폴드빌
스탠리가 1881년 콩고 강 하류에 세운 무역 항구로 1966년 킨샤사로 이름을 고쳤다. 오늘날 콩고 민주 공화국의 수도이다.

그러자 독일이 이런 혼란을 해결하기 위해서 여러 나라 대표들을 베를린으로 초대해 회의를 열었어요.

"유럽 여러 나라가 아프리카를 차지하기 위해 경쟁하는 건 어쩔 수 없습니다. 그러나 전쟁은 반드시 피해야 합니다."

12개 나라의 대표들은 그런 주장이 맞다며 다른 나라가 먼저 차지한 땅은 건드리지 말자고 뜻을 모았어요.

하지만 식민지를 지키고 보호하기 위해서는 군대가 필요했어요. 그 때문에 유럽 여러 나라들은 앞다투어 아프리카 식민지에 군대를 보냈답니다.

이처럼 자본주의(16쪽)가 발달한 나라들이 너도나도

아프리카와 아시아 같은 나라를 침략하여 자기네 땅처럼 다스리던 이 시대를 제국주의 시대라고 불러요.

결국 1912년쯤에는 아프리카 대륙은 동북쪽의 에티오피아와 서해안의 라이베리아만 남겨 두고 모든 영토가 유럽 여러 나라들의 식민지가 되고 말았어요.

유럽 사람들은 원주민을 노예로 붙잡아 강제로 일을 시키거나 팔기도 했어요.

 # 아프리카를 탐내다

그 어떤 나라보다 아프리카 식민지 만들기에 욕심을 부린 나라는 영국이었어요. 심지어 이미 100년 전부터 아프리카에 들어와 살고 있던 보어인들의 정착지에도 욕심을 냈어요.

영국은 발 빠르게 보어인들의 케이프 식민지를 점령하고 그곳이 대영 제국의 땅이라고 말했어요. 그러자 보어인들은 영국의 지배를 받는 게 싫어서 자신들이 일구어 놓았던 식민지를 버리고 더 북쪽으로 올라가 '오렌지 자유국'과 '트랜스발 공화국'이라 불리는 식민지를 다시 만들었어요. 그러고는 말했어요.

네덜란드인이 아프리카에 세운 케이프 식민지
1652년 네덜란드 동인도 회사는 아시아로 가는 배의 정박지로 남아프리카 희망봉 근처에 케이프 식민지를 세웠다. 이곳 첫 총독이 네덜란드인 리베크였다.

― 찰스 데이비드슨 벨
〈희망봉에 도착한 얀 반 리베크〉

"우리는 네덜란드에서 온 사람이 아니라 아프리카의 유럽 사람으로 살아가겠다!"

영국은 한동안 이들에게 크게 관심을 기울이지 않았어요. 왜냐하면 보어인들이 새로 정착한 땅은 농사도 잘 되지 않는 거칠고 험한 땅이었으니까요.

하지만 얼마 후 트랜스발과 영국의 식민지 중간 지점에서 다이아몬드가 발견되면서 사정은 달라졌어요. 영국은 재빨리 그 땅이 자신들 것이라고 말했어요.

이어 트랜스발 땅에서도 어마어마하게 많은 금광이 발견되었지요. 당시 사람들이 "세계의 금 절반이 여기에 있다!"라고 말할 정도였어요. 단번에 부자가 되고자 하는 수많은 사람들이 금광을 찾아 트랜스발로 몰려왔

영국의 제국주의자, 세실 로즈
1853년 영국에서 태어나 1890년 케이프 식민지 총독이 되었다. 그곳에서 다이아몬드와 금광을 운영하며 재산을 늘렸다. 주변 지역 정복에도 앞장섰다.

 로디지아
- - - - - - - - - - - - - - - -
세실 로즈가 중앙아프리카 지방을 정복하고 자신의 이름을 따서 지명을 지었어.

어요.

영국은 트랜스발에 욕심을 냈어요. 케이프 식민지 총독 세실 로즈는 영국 사람들을 트랜스발과 오렌지 자유국의 북쪽으로 보내 로디지아라는 식민지를 세웠어요. 보어인이 세운 두 나라는 영국 식민지 사이에 끼인 꼴이 되고 말았지요.

1899년 10월, 마침내 영국이 트랜스발에 군인을 보내면서 전쟁이 일어나고 말았어요. 이를 '보어 전쟁'이라 불러요.

전쟁이 시작된 지 얼마 안 돼 보어인 병사 수천 명이 케이프 식민지의 국경 도시 마페킹을 공격해 왔어요. 보어인에게 포위된 영국군은 어려운 처지에 놓였어요. 하지만 영국군은 수백 일 동안 방어하는 데 성공했어요. 뿐만 아니라 트랜스발과 오렌지 자유국 여러 도시를 차례로 공격해 빼앗았답니다.

그런 후에도 보어인들이 계속 저항하자 이들을 수용소에 모두 가둔 채 먹을 것을 주지 않고 병에 걸려도 치료해 주지 않았어요. 그런 탓에 이 수용소 안에서만 2만 명이 넘는 사람이 비참하게 목숨을 잃어야 했답니다.

아프리카 차지하기에 열을 올린 제국주의 나라는 영국만이 아니었어요.

독일은 1884년 지금의 나미비아 지역의 영토를 식민지로 삼은 뒤, 원주민들을 몹시 괴롭혔어요. 독일은 원주민이 수확한 양식을 빼앗고 그들을 살던 땅에서 내쫓았어요. 원주민들은 굶주림에 시달렸고, 온갖 괴롭힘을 당해야 했지요.

참다못한 원주민들은 1904년 마침내 독일에 맞서 무기를 들고 싸우기 시작했어요. 그러자 독일은 이를 억누르기 위해 급히 군대를 보냈어요.

"원주민들을 모두 없애 버려라. 무기를 들지 않은 사람도, 어린이와 여자들도 모두 없애라!"

독일군은 이를 위해 원주민들을 사막으로 몰아넣은 뒤, 주변을 둘러싸고 막았어요. 그리고 먹을 것, 마실 것을 주지 않았어요. 원주민들은 배고픔과 갈증에 시달리다가 죽어 갔어요. 못 참고 뛰쳐나오는 사람이 있으면 독일군이 총으로 쏴서 죽였어요. 결국 그 주위에는

나미비아

아프리카 남서부 해안에 있는 나라야.

보어 전쟁 때 영국군 요새
보어 전쟁 당시 영국은 아프리카 지역에 약 50만의 병력을 파견해 둔 터였고, 보어인들의 병력은 고작 9만이었다. 그러나 전쟁 초반에는 의외로 팽팽했다.

원주민들의 시체가 산처럼 쌓였지요. 겨우 살아남은 사람들은 독일군이 억지로 시키는 힘든 일을 하다가 죽음을 맞았어요.

힘센 제국주의 나라들은 이처럼 아프리카 땅을 잔인하게 빼앗았어요. 어느 나라를 점령하든 원주민들을 짐승 다루듯 했고, 힘든 일을 시켜 돈을 벌려 했지요. 원주민이 가지고 있던 전통이나 예절은 싹 다 무시하고, 오로지 자신들이 만든 법만 따르도록 했어요.

그러자 한편에서는 저항 운동이 벌어지기도 했어요.

수단에서는 영국과 이집트에 저항해 마흐디 운동이 일어났고, 탄자니아 사람들은 독일이 억지로 목화를 재배하게 하자 맞서 싸우기도 했지요.

하지만 저항은 오래 이어지기 힘들었어요. 한동안 아프리카의 여러 나라들은 제국주의 국가들의 강력한 군대에게 억눌려 그 밑에서 신음해야 했지요.

결국 20세기 초까지 아프리카에서 에티오피아와 라이베리아를 뺀 모든 지역이 유럽에 있는 힘센 나라들의 지배를 받아야 했답니다.

마흐디 운동

수단의 무함마드 아마드가 스스로 구세주(마흐디)라며 오스만 제국, 이집트, 유럽 세력을 몰아내고 평등한 세상을 만들자고 주장한 이슬람 저항 운동이야. 1881년부터 1899년까지 계속되었어.

이로 인해 유럽 사람들을 '악마의 후손'이라고 생각하는 아프리카 사람이 늘어났어요.

아시아를 탐내다

한때 인도의 전성기를 이끌었던 무굴 제국은 3대 황제 악바르가 세상을 떠난 뒤, 조금씩 힘이 약해졌어요. 6대 황제인 아우랑제브가 무굴 제국을 이슬람 중심으로 만들려 하면서부터였어요. 힌두교도를 비롯한 다른 종교를 가진 백성들이 반대하며 일어났지요.

18세기에 이르러서는 페르시아와 아프가니스탄의 침략으로 나라의 힘은 더욱 쇠약해졌어요. 게다가 1760년에는 힌두교도들의 동맹이 델리를 점령하는 바람에 무굴 제국은 사실상 지방 정권이 되고 말았어요.

이 무렵 포르투갈을 시작으로 에스파냐, 네덜란드, 영국과 프랑스가 인도에 손을 뻗었어요. 특히 영국은 프랑스와 전쟁을 벌여 이긴 후 인도에서 영향력이 가장 큰 나라가 되었어요.

영국은 일단 인도 사람들이 반발하지 않도록 동인도 회사에 군사를 보내 도와주는 방식으로 인도를 지배하

악바르

무굴 제국의 3대 황제야. 영토를 넓히고 문화를 번성케 하여 무굴 제국을 튼튼하게 만들었지.

기 시작했어요. 그리고 점차 직접 지배하려 시도했어요. 영국은 인도의 개혁을 돕는다는 핑계를 대면서 정치에 간섭했고, 영국에 반대하는 세력이 커지지 못하도록 인도 지식인이 정치에 참여하지 못하게 했어요. 그리고 적은 수의 인도인만 교육시켜 자신들을 돕는 사람으로 만들었지요. 그러자 몇몇 지방 정권들이 영국에 불만을 품고 들고 일어났어요.

이러한 저항의 불길은 세포이들에게도 옮겨 붙었어요. 세포이는 동인도 회사를 돕는 영국군에 고용된 인도인 병사들을 말하는데, 영국 사람들로부터 심하게 차별받고 있었어요.

"불만을 품은 자들은 세포이로 고용하지 않겠소."

영국이 이렇게 말하며 동인도 회사와 용병들 사이에 갈등이 깊어졌어요.

그러던 차에 델리 근처 작은 도시에 머물던 세포이들은 새로운 총을 받았어요. 그런데 세포이들은 깜짝 놀랐어요. 탄약통에 소와 돼지 기름이 칠해져 있었거든요.

세포이

페르시아 말로 병사라는 뜻의 스파히에서 유래한 말이야. 인도에 머물던 영국군 중 80퍼센트나 되었다고 해.

독실한 이슬람교도 아우랑제브
1618년 샤 자한의 아들로 태어났다. 외국어에 능통했으며, 독실한 이슬람교도로 백성들에게 경건한 생활을 강조했다. 주변 나라를 무력으로 정복하기도 했다.

세포이들 대부분은 힌두교도나 이슬람교도였는데, 소
나 돼지는 그들이 신성하게 생각하거나 금지하는 동물
이었지요. 그 때문에 세포이들은 영국 사람들이 자신들
의 종교를 얕본다고 생각했어요.

"이건 우리 이슬람교도를 모독하는 짓이다!"

"힌두교를 업신여기는 짓이야. 가만히 있을 수 없어."

이런 소문은 삽시간에 세포이들 사이에 퍼져 나갔고,
마침내 세포이들은 반란을 일으켰어요. 그렇지 않아도
세포이들은 영국 사람들이 인도에서 무엇이든 마구잡
이로 빼앗아가는 데 불만이 많았거든요.

반란을 일으킨 세포이들은 영국인 장교를 살해하고,

영국에 맞선 인도 사람들
세포이 항쟁을 시작으로
인도 군인과 백성이
1857년부터 1859년까지
영국에 맞서 싸웠다.

― 토머스 베이커
〈인도 도시 러크나우를 구함〉

무기를 빼앗고는 삽시간에 델리를 점령했어요. 또한 반
란군은 무굴 제국을 다시 일으키기 위해서 바하두르
샤 2세를 황제로 내세웠어요. 이에 각지의 세포이는 물
론이고 상인과 농민들까지 반란에 힘을 더하기 시작했
어요. 그럼으로써 반란은 인도 전 지역으로 퍼져 나갈
조짐을 보였어요. 이를 '세포이 항쟁'이라 불러요.

바하두르 샤 2세
1775년 19대 황제 악바르 2
세의 아들로 태어났어. 화려
한 생활보다 서예와 시에 관
심이 많았다고 전해져.

하지만 이들의 항쟁은 오래가지 못했어요. 강력한 지
도자가 없었고, 황제 또한 인도의 모든 백성을 하나로
끌어모을 힘이 없었기 때문이에요.

세포이 항쟁 이후 영국은 동인도 회사를 해체하고 영
국 국왕이 인도를 직접 지배하기 시작했어요. 영국은
인도의 원래 관습을 존중하겠다면서 지배층과 타협을
했어요. 그런 다음 인도의 군사와 정치 제도를 변화시
켰어요. 결국 인도는 완전히 영국 식민지가 되고 말았
어요.

청나라(중국)에서는 태평천국의 난 이후 유럽 세력의
진출이 더욱 거세어졌어요. 특히 1894년에 일어난 일

세포이의 총
세포이가 쓰던 총이다.
총에 있는 탄약통 방수를 위해
기름이나 왁스를 칠하기도
했다.

제국주의 국가들의 경쟁
19세기 영국, 프랑스, 러시아, 독일, 일본 등은 청나라에서 서로 주도권을 쥐려고 애썼다.

 이이제이(以夷制夷)
중국은 옛날부터 중국으로 들어오려는 이민족들에 맞서야 했어. 그때 생각해 낸, '적이 적을 무찌르게 한다.'는 방법이야.

 안남
오늘날의 베트남을 가리키는 말이야. 프랑스 식민지 당시의 베트남 중부를 가리키는 말이기도 해.

본과의 전쟁에서 청나라가 지자 유럽의 여러 나라들이 청나라를 돕겠다며 달려들었어요. 영국은 물론이고, 프랑스와 러시아, 그리고 독일까지 청나라로 몰려들었지요.

청나라의 황실은 이때 이이제이 정책을 쓰기로 했어요.

"이렇게 된 바에야, 외국 세력끼리 싸우게 하고, 우리 청나라는 그때 생기는 이득만 챙기면 되겠구나."

하지만 상황은 청나라 황실이 원하는 대로 돌아가지 않았어요. 유럽의 여러 나라들은 싸우기는커녕, 서로 힘을 합해 청나라를 위협하여 온갖 방법으로 이권을 빼앗으며 자신들의 잇속을 챙겼어요. 결국 청나라는 점차 식민지나 다름없는 상태가 되어 갔어요.

유럽은 인도와 중국뿐 아니라 다른 아시아 여러 지역에도 눈독을 들였어요.

이미 인도네시아는 17세기 이후 네덜란드가 차지하고 있었고, 프랑스는 1883년에 청나라와 싸워서 이긴 뒤 인도차이나 지역을 차지했어요. 그들은 안남과 캄보디아 등을 모두 합쳐 프랑스령 인도차이나를 만들었어요. 독일은 남태평양의 여러 섬을 차지했고, 러시아는 청나라와 조약을 맺어 흑룡강 북쪽 땅을 차지했어요. 그러더니 연이어 연해주를 얻어 내고 그곳의 도시 블라디보스토크에 항구를 세웠어요. 그리고 시베리아 철도를 완성해 동아시아로 나오고 싶어 했어요. 마침내 한반도에까지 눈독을 들였지요.

한편 미국은 한동안 나라 안의 발전만 꾀하다가 19세기 후반 자본주의가 빠르게 발전하면서 해외로 뻗어 나가기 시작했어요. 1854년 일본을 위협하여 항구를 열게 했고 1867년 알래스카를 러시아에게서 사들였어요. 태평양 쪽에서는 1898년 에스파냐와 전쟁을 벌여 승리한 뒤 필리핀 제도와 괌을 차지했어요. 또한 같은 해에는 하와이를 미국의 땅으로 삼았어요.

**청나라를 무찌르는
프랑스군**
베트남을 종속국이라 여기던
청나라가 프랑스를 막으면서
전쟁이 일어났다. 하지만
청나라는 1885년 맺은
천진 조약(톈진 조약) 때문에
베트남에서 프랑스의 우선권을
인정했다.

미국에게 문을 열고 근대화를 시작한 일본은 마침내 한반도를 차지하고 중국을 침략하는 등 아시아에서는 유일하게 제국주의의 길을 걷게 되었답니다.

 힘을 잃은 오스만 제국

 발칸 반도

발칸은 터키 말로 산맥을 뜻해. 이곳에 그리스, 불가리아, 보스니아–헤르체고비나 같은 나라들이 있어.

 오스만 제국

1299년경 세워져 1922년까지 소아시아 중심으로 번성한 이슬람 국가야.

소아시아와 이집트, 발칸 반도까지 드넓은 영토를 차지하고 있던 오스만 제국은 16세기까지만 해도 강력한 힘을 갖고 있었어요. 오스만 제국은 스스로 '동서양의 길목을 지키는 군사력 강한 나라'라는 자부심을 가지고 있었어요. 특히 '위대한 왕'이라 불리던 술탄 술레이만 1세가 다스리던 때에는 오스만 제국의 힘이 아주 셌지요.

하지만 17세기 말에는 오스트리아, 러시아와 계속 싸우고, 나폴레옹에게 이집트를 빼앗기는 등 오스만 제국은 위기를 겪었어요.

러시아는 오스만 제국을 '유럽의 병자'라 부르며 놀렸어요. 그리고 끊임없이 오스만 제국의 북쪽 땅을 탐냈지요.

실제로 오스만 제국은 날이 갈수록 허약해지고 가난

해지고 있었어요. 술탄들은 막대한 권력을 휘두르며 함부로 나랏돈을 축냈고, 그리스와 세르비아, 아랍 사람들까지도 술탄의 명령을 무시하면서 오스만 제국에 도전했어요. 유럽의 힘센 나라들은 이 나라들이 독립하도록 도와주면서 오스만 제국의 드넓은 영토를 쪼개기 시작했어요. 결국 그리스가 독립했고, 세르비아는 스스로 나라를 다스릴 권리를 얻었어요.

오스만 제국의 지배층은 안 되겠다 싶은 생각이 들었어요. 그래서 1839년, 유럽의 도움을 받아 나라를 새롭게 뜯어 고치기로 뜻을 모았어요. 군대 조직, 교육 제도, 법률을 새로 만들었지요. 이때의 개혁을 탄지마트

유럽 양식으로 지은 궁전, 돌마바흐체
'가득찬 정원'이란 뜻이다. 탄지마트를 시작한 술탄 압둘 메지드 1세가 큰돈을 들여 이스탄불에 지은 최초의 유럽식 궁전이다. 탄지마트 과정의 하나로 볼 수 있다.

(은혜 개혁)라고 불러요.

하지만 오스만 제국의 여러 지역에서는 여전히 독립하려는 움직임이 꿈틀거렸어요. 1876년 즈음에는 오스만 제국으로부터 약 500년 이상 지배를 당해 온 그리스 북쪽의 불가리아 사람들마저 독립을 꿈꾸기 시작했어요. 오스만 제국의 술탄은 독립 운동을 펼치는 젊은 혁명가들을 죽이고 마을 수십 개를 불태웠어요.

바로 이때, 러시아가 끼어들었어요.

"오스만 제국의 이슬람 군대가 우리와 같은 그리스 정교를 믿는 사람들을 죽였어요. 그러니 우리가 복수해야 합니다."

마침내 러시아는 오스만 제국으로 군대를 보냈어요.

수많은 불가리아 사람들이 원수를 갚는다며 러시아 군을 돕고 나섰어요. 결국 러시아 군대는 오스만 군대를 무너뜨리고 오스만 제국의 수도 이스탄불 가까이까지 갔어요. 이 일로 술탄 압둘 하미드 2세는 불가리아의 독립을 인정하는 조약을 맺을 수밖에 없었어요. 오스만 제국은 절반에 가까운 영토를 잃고 말았어요.

이제 오스만 제국은 더 이상 유럽을 위협하는 강대국이 아니었어요. 술탄 압둘 하미드 2세는 이런 현실에

**오스만 제국의 술탄
압둘 하미드 2세**
1876년 이슬람의 99번째 칼리프이자 오스만 제국의 제34대 술탄이 되었다.

탄지마트(은혜 개혁)
오스만 제국에서 진행한 개혁 정책으로 이때 유럽식 근대 제도를 들여왔어. 1839년부터 1876년까지 진행되었지.

깜짝 놀랐어요. 압둘 하미드 2세는 오스만 제국을 다시
한번 세계에서 가장 큰 나라로 키우고 싶었어요. 그래
서 이렇게 말했어요.

"이제 오스만 제국도 유럽 나라들처럼 의회를 열어
여러 가지 법률을 제정할 것입니다."

이로써 오스만 제국은 입헌 군주국이 되었어요. 뿐만
아니라 철도를 놓고 이스탄불 대학교(32쪽)를 새롭게
바꾸어 인재를 키우기로 했어요.

하지만 그 생각은 오래가지 못했어요. 압둘 하미드 2
세는 술탄으로서 오래도록 막강한 권력을 누리고 싶어
졌지요. 결국 새로 만든 헌법은 1년이 지나지 않아 버

그리스 정교

기독교의 한 갈래로 1054년
로마 가톨릭에서 분리되었
어. 헝가리, 그리스, 러시아
등지에 신도가 많아.

수백 년 전에 세워진 이스탄불 대학교
1453년 오스만 제국의 제17대 술탄 메메드 2세가 설립했다. 처음엔 신학교였다가 1800년대에 의학을 가르치기 시작했고, 점차 다양한 학문을 가르치고 연구하는 종합 대학이 되었다.

 아르메니아

소아시아와 카스피 해 사이에 있는 나라야. 기독교를 국교로 받아들인 최초의 나라란다.

려졌고, 의회도 사라졌어요. 또한 반란을 꾀하는 사람들을 찾아내 목숨을 빼앗았어요. 아르메니아에서 반란이 일어나자 가혹한 명령을 내렸어요.

"반란에 참여했던 사람은 아르메니아 땅이 아닌 곳까지라도 쫓아가 죽여라!"

압둘 하미드 2세가 너무나 잔인해서 오스만 제국 사람들은 그를 '붉은 압둘 하미드'라고 불렀어요.

마침내 학생과 지식인을 중심으로 술탄에 저항하는 세력이 모이기 시작했어요.

"술탄이 모든 결정을 내리는 나라가 아니라, 올바른 법이 다스리는 나라를 만듭시다! 술탄이 아닌 국가에 충성하는 나라로 만듭시다!"

그들은 자유와 정의, 평등과 박애를 외치며 새로운 나라를 만들기 위해 노력했어요. 이들을 청년 튀르크당이라고 불러요. 이 운동은 청년 장교와 지식인들 사이에 널리 퍼져 나갔고, 마침내 헌법이 부활되고, 국회가 다시 열리게 되었어요. 결국 압둘 하미드 2세는 술탄의 자리에서 물러나야 했지요.

하지만 이후 청년 튀르크당이 독재 체제로 나라를 이끌어 가면서 여러 민족이 저항했고, 유럽의 간섭도 심해졌답니다.

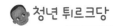 청년 튀르크당

술탄이 모든 결정을 내리는 정치에 반대하는 비밀 결사였어. 하지만 1908년 혁명 후 정식 정당이 되었고 약 11년 동안 정권을 독차지했어.

 ## 제국주의를 뒷받침한 생각

"우리 백인이 미개한 아프리카와 아시아 사람에게 발달한 문명을 전해야 해. 그래서 이들을 야만스러운 생활로부터 구해 내야 해. 이것이 신이 우리에게 준 임무인 게 틀림없어."

제국주의 나라들은 자기네 문명은 앞서고 발달했지만 식민지 나라들은 미개하다고 생각했어요. 여기에 더하여 대부분 기독교를 믿고 있던 유럽 사람들은, '잡신이나 미신을 믿는 아시아, 아프리카 사람에게 하루 빨리 기독교를 전파해야 한다!'는 소명 의식도 가지고 있었어요. 그래서 그들이 간 많은 지역에서는 전통 종교 대신 기독교가 뿌리내리기 시작했어요.

이처럼 유럽 사람들은 백인 우월주의에 푹 젖어 있었어요. 힘이 약한 아시아와 아프리카 지역의 여러 나라

 미개

사회가 발전되지 않고 문화 수준도 낮은 상태를 가리키는 말이야.

들은 이와 같은 서구의 세계관을 받아들이고 적응해야 했어요.

그리고 당시 스펜서가 주장한 사회 진화론의 영향으로 유럽 사람들은 식민지 지배가 매우 자연스러운 일이라고 믿게 되었어요.

그러나 이와 같은 제국주의는 여러 면에서 나쁜 영향을 미쳤어요. 정복 국가와 식민 국가 사이에 커다란 적개심을 남겼고, 이는 식민 국가가 독립한 후에도 한동

사회 진화론

사회도 생물처럼 진화한다는 이론이야. 강한 자가 약한 자를 지배한다는 생각이 깔려 있지.

독립국 라이베리아와 에티오피아

이 두 나라는 제국주의의 열풍 속에서 어떻게 독립국으로 남을 수 있었을까요?
라이베리아는 미국에서 해방된 노예들이 서아프리카에 와서 1822년에 세운 나라예요. 라틴 어 'Liber'에서 비롯된 이름으로, '자유의 나라'라는 뜻을 지니고 있어요. 1847년 독립을 선언하면서 모든 제도를 미국과 똑같이 만들었어요. 미국 등 서양에 여러 권리를 주고 대신 기술이나 경제적인 도움을 받았답니다. 하지만 미국에서 온 흑인들이 원주민을 가혹하게 대해 문제가 되었어요.
에티오피아의 경우, 당시 메넬리크 2세가 나라를 이끌고 있었어요. 그는 뛰어난 현대식 무기가 힘의 원천이라고 생각해서 프랑스와 이탈리아로부터 무기를 사들였어요. 그런데 이탈리아는 자기네가 에티오피아를 보호하는 나라라고 발표했지요. 그러자 에티오피아는 1896년 나라 안에 들어온 이탈리아군과 현대식 무기로 맞서 싸워 물리쳤어요. 그리고 당시 이탈리아와 경쟁 관계였던 프랑스와 영국의 도움을 받아 이탈리아를 압박할 수 있었지요. 결국 유럽은 에티오피아를 독립국으로 인정했어요.

안 지속되었어요. 더구나 제국주의 국가들이 서로 식민
지를 더 가지려고 욕심을 부리는 바람에 결국 제1차 세
계 대전이 일어나고 말았답니다.

제국주의의 침략이 없었다면
아프리카는 어떻게 되었을까?
네 생각을 말해 보렴.

우리가 몰랐던 아프리카

아프리카는 진화론에 의하면 우리 인류가 처음으로 태어난 곳이랍니다.
그 후로도 고유한 문명을 발달시키고,
다른 대륙과 교류하면서 문화를 성장시켰어요.
그럼 아프리카에 어떤 일이 있었는지 살펴볼까요?

❺ 7세기경
아랍인이 이집트를
정복했어요.

❶ 390만 년 전
오늘날의 아프리카 동부(에티오피아
하다르)에서 최초의 인류로
추측되는 오스트랄로피테쿠스
아파렌시스가 살았어요.

❷ 기원전 6000년경
보리, 밀 등 곡물을 재배했어요.

❹ 기원전 814년경
페니키아(지중해 동해안 문명) 인이
북아프리카의 카르타고에 도시를 세웠어요.

❸ 기원전 3000년경
아프리카 북부 나일 강 유역에서 이집트 문명이
일어났어요. 피라미드를 건설하기도 했어요.

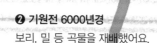

❻ 800~1500년
이슬람 무역상이 오가는 아프리카 동부 해안을 따라
무역이 발달했어요. 만다와 킬와 같은 무역 도시가
생겨났지요. 소를 키우고 금속을 가공하여
여유 있게 살았어요.

❼ 800~1600년경
서부 아프리카에서는 9~13세기경 가나 제국이
북아프리카와 남아프리카 중간에서 무역 중개국으로
번창했어요. 13~15세기경에는 말리, 15~16세기경에는
송가이 등의 나라가 번성했어요.

❽ 1300년경
남부 아프리카의 짐바브웨 왕국에서
거대한 석조 울타리를 만들었어요.

우리는
아프리카의 미래!

2장 제1차 세계 대전

제1차 세계 대전의 적수
연합군 ● 동맹군 ●

덴마크

영국

러시아

독일

오스트리아–
헝가리

프랑스

이탈리아

불가리아

포르투갈

오스만 제국

나는 여자지만 공장에서 일해. 아빠는 물론이고, 오빠, 동생이 모두 전쟁터로 떠났기 때문이야. 사실 우리 영국은 역사상 젊은 남자를 강제로 전쟁터에 보낸 적이 없었어. 이번이 처음이야. 그만큼 전쟁 상황이 안 좋은가 봐. 아빠와 오빠, 동생이 어떻게 지내는지 너무 궁금해. 부디 무사해야 할 텐데. 그동안 나는 남자들 대신 열심히 일할 거야. 일을 하면 여자들에게도 투표권을 준다니, 일이 더 잘되네.

힘을 키워 나간 독일

🧑 **30년 전쟁**

유럽(주로 독일)에서 구교(가톨릭)와 신교가 벌인 전쟁이었어. 이 전쟁으로 신교도 종교로 인정받았지.

철혈 재상 비스마르크

1815년 독일 북동부 지방 귀족의 아들로 태어났다. 수상이 된 후 오스트리아, 프랑스와의 전쟁을 이끌며 독일 통일과 부국강병을 위해 힘썼다.

"지금 우리의 문제는 철(무기)과 피로 해결할 수 있습니다. 연설이나 다수결로 해결되지 않아요."

1861년, 프로이센의 국왕 빌헬름 1세(42쪽)가 왕위에 오르자 프로이센의 수상으로 임명된 비스마르크는 주먹을 쥐고 말했어요.

비스마르크의 꿈은 독일 통일이었어요. 사실 독일은 30년 전쟁 이후 크고 작은 나라로 쪼개진 채 통일을 이루지 못하고 있었어요. 북동부 귀족 출신인 비스마르크는 독일이 통일되어야만 프랑스, 영국과 어깨를 나란히 하는 힘센 나라가 될 수 있다고 믿었어요. 그래서 군대의 힘을 더욱 강하게 키우겠다고 결심했어요.

프로이센의 군대는 독일의 그 어떤 나라보다 강했어요. 프로이센은 17세기 말부터 약 100여 년 동안 온갖 힘을 기울여 군대를 키웠고 대부분의 관리들마저도 은퇴한 군인이었어요. 국왕들도 군복 입기를 즐겼지요. 심지어 모든 국민들이 군대의 엄격하고 질서 있는 생활 태도를 익혔어요.

이런 분위기 속에서 수상이 된 비스마르크는 의회의 반대를 무릅쓰고 가장 먼저 군사 장비를 늘리기 위해 나섰어요. 그리고 오스트리아와의 전쟁을 준비했어요. 왜냐하면 오스트리아는 여러 민족이 섞인 제국을 유지하려고 했기 때문이에요. 그러면 독일의 통일에 방해가 될 게 뻔했어요.

"전쟁이 일어날 경우 중립을 지켜 주십시오."

비스마르크는 프랑스의 나폴레옹 3세에게 약속을 받아 냈어요.

1866년 마침내 전쟁이 벌어졌어요. 그런데 오래갈 줄 알았던 프로이센과 오스트리아의 전쟁은 불과 2달 만에 프로이센의 승리로 끝났어요.

그리고 4년 뒤에 프로이센은 프랑스와도 전쟁을 벌였어요. 뜻밖에도 전쟁은 초반부터 프로이센군이 이길 기세였어요. 프로이센의 군대는 프랑스군을 거침없이 몰아붙였고, 마침내 나폴레옹 3세까지 사로잡았어요.

1871년 1월, 프로이센의 빌헬름 1세는 프로이센이 점령한 베르사유 궁전에서 독일 제국이 성립되었다고 발표하고 통일 독일의 황제로 추대되었어요. 독일이 통

은퇴
맡았던 일에서 물러나 한가히 지내는 상태를 말해.

추대
윗사람으로 떠받든다는 뜻이란다.

통일 독일 최초의 황제, 빌헬름 1세
프로이센의 왕이었다. 프로이센이 오스트리아를 물리치고 프랑스와의 전쟁에서도 이긴 후 베르사유 궁전 거울의 방에서 새로운 통일 독일 최초의 황제가 되었다.

오스트리아-헝가리
1866년 오스트리아 프로이센 전쟁 이후 오스트리아와 헝가리가 손잡고 만든 나라야. 1918년 제1차 세계 대전에 패한 뒤 붕괴되었어.

삼제 동맹
독일, 오스트리아-헝가리, 러시아의 세 황제가 동맹을 맺었다는 뜻이야.

일을 달성한 것이에요. 그럼으로써 독일은 유럽의 가장 강한 나라 중 하나가 되었어요.

그로부터 2년 뒤, 비스마르크는 독일을 더욱 강하게 만들기 위해 한 가지 결정을 내렸어요.

"국제 사회에서 프랑스를 고립시켜야 해요."

프랑스가 강해지면 독일이 위험에 처할 수 있기 때문에 비스마르크는 미리 조심하려 한 것이었어요. 이에 따라 비스마르크는 오스트리아-헝가리와 러시아를 끌어들여 1873년에 삼제 동맹을 맺었어요. 동맹국이 침략을 받을 경우 서로 돕자는 내용이었지요.

비스마르크는 여기에 만족하지 않고 이번에는 이탈리아, 오스트리아-헝가리와 함께 삼국 동맹(1882년)을 맺었어요. 그런가 하면 러시아와도 따로 조약을 맺었어요. 혹시라도 러시아가 프랑스 편에 서지 않도록 다독이기 위해서였지요.

비스마르크는 이렇게 동맹을 유지하면서 프랑스를 외톨이로 만들면 독일의 발전에 아무런 문제가 없을 거라고 생각했어요.

하지만 1888년 새 황제 빌헬름 2세가 왕이 되면서 독일의 정책은 바뀌었어요. 젊은 황제는 이전까지 소극적이었던 식민지 정책을 적극적으로 추진했고, 여러 나라들 사이에서 독일의 지위를 높이기 위해 다른 나라와 경쟁하길 두려워하지 않았어요.

"나라가 발전하려면 서둘러 나라를 부유하게 하고 군대를 키워야 하오!"

우선 빌헬름 2세는 영국의 해군에 맞설 수 있도록 해군을 강화시키기 위해 애썼고, 세계로 힘을 뻗치기 위해 적극적으로 노력했어요. 그래서 베를린과 비잔티움, 바그다드를 잇는 철도를 만들기로 했어요. 이 세 도시의 알파벳 첫 글자를 따서 3B 정책이라고 불러요.

아울러 빌헬름 2세는 게르만 민족의

식민지 정책을 추진한 빌헬름 2세
빌헬름 1세의 손자로 적극적으로 해외로 뻗어 나가려 했다. 그 과정이 자기 마음대로여서 독일이 국제적으로 고립되게끔 만들었다.

우수성을 강조하면서, 한편으로는 슬라브 민족을 깎아 내렸어요. 이 때문에 러시아와의 관계가 서먹해졌어요.

　이 사이를 프랑스가 파고들었어요. 프랑스는 독일이 빠르게 발전하자 걱정하던 참이었어요. 프랑스는 러시아에 무기를 주고 서로 함대를 방문하며 노력한 끝에 협정을 맺었어요.

　영국도 마찬가지였어요. 독일이 매우 빠르게 해군을 키워 나가자 영국에 도전하는 거라고 여겼어요. 뿐만 아니라, 독일이 추진하는 3B 정책은 영국이 추진하고 있는 3C 정책과 충돌을 빚었어요.

　뜻이 맞은 영국과 프랑스, 러시아는 삼국 협상을 맺

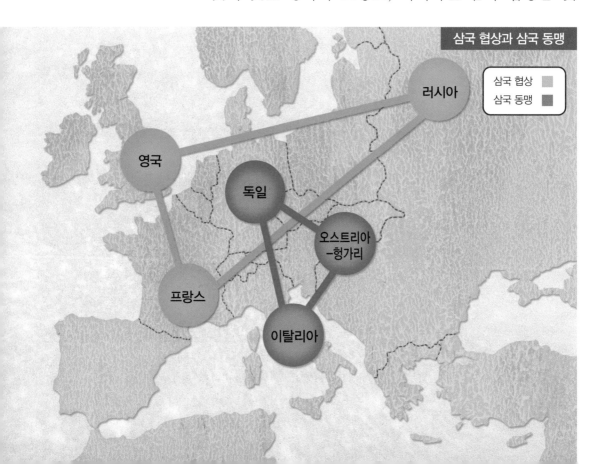

3C 정책

카이로(이집트), 케이프타운(남아프리카), 캘커타(인도)의 첫 머리글자를 딴 이름으로 영국이 식민지 지배권을 강화하려 한 정책이야.

었어요. 독일이 주도하는 삼국 동맹에 맞서기 위해서였어요. 그러자 독일은 삼국 협상을 맹비난했어요.

"삼국 협상은 독일을 곤경에 빠뜨리기 위한 음모예요!"

유럽은 어느 때보다 위험한 긴장 상태에 빠졌어요.

마침 발칸 반도에서도 전쟁의 기운이 감돌고 있었어요. 당시 발칸 반도 대부분을 지배하고 있던 오스만 제국은 힘이 약해져 있었어요. 이 틈에 오스만 제국 아래에 있던 슬라브인들이 독립 운동을 거세게 펼쳤지요. 마침내 세르비아를 비롯해 여러 나라들이 잇따라 독립을 이루었어요. 발칸 반도에 있는 세르비아와 몬테네그로, 불가리아, 그리스는 러시아의 도움을 받아 동맹을 맺었고요(1912년).

오스트리아-헝가리는 1908년 독일을 등에 업고 발칸 반도에 자리한 보스니아와 헤르체고비나를 강제로 합쳤어요. 이 나라에는 슬라브족에 속하는 세르비아인이 많이 살고 있었어요. 슬라브 국가들은 오스트리아-헝가리의 처분을 못마땅해 했어요. 러시아가 슬라브 국가들을 도와줘 자기 세력을 뻗치기 좋은 기회였지요. 이런 움직임을 범슬라브주의라 불러요.

이에 맞서 독일도 유럽 여러 지역에 있는 게르만족 국가들과 힘을 합치려 했어요. 발칸 반도 너머 중동 쪽

슬라브인

슬라브 말을 쓰는 사람들이야. 대부분 동유럽과 중앙 유럽, 발칸 반도 등에 살지. 유럽에서 가장 많은 민족에 속한단다.

범슬라브주의

슬라브인의 우수성을 강조하면서 슬라브인끼리 힘을 합치려고 하는 생각이야.

오스만 제국 군사와 싸우는 불가리아 군인
1912년부터 1913년까지 두 번에 걸쳐 발칸 반도에서 전쟁이 일어났다. 발칸 전쟁은 민족끼리 맞서는 성격이 컸다.

선전 포고
- - - - - - - - - - - - - - - - -
한 나라가 다른 나라에 맞서 전쟁을 하겠다고 알리는 일이야.

으로 나가고 싶었기 때문이에요.

그런데 러시아의 생각과 달리 동맹을 맺은 발칸 반도의 네 나라는 오스만 제국을 상대로 전쟁을 벌였어요. 승리한 발칸 동맹은 알바니아와 크레타 섬 등을 빼앗았지요. 이를 1차 발칸 전쟁이라 불러요.

전쟁은 여기에서 끝나지 않았어요. 이번에는 승리한 나라들끼리 다시 싸움을 벌였어요. 세르비아가 불가리아가 차지한 영토 일부를 내달라고 했기 때문이에요. 물론 불가리아는 이를 거절했지요.

이에 따라 세르비아와 그리스가 한편이 되고, 여기에 루마니아와 몬테네그로까지 함께 불가리아를 공격했어요. 뿐만 아니라 졸지에 영토를 잃은 오스만 제국도 땅을 되찾기 위해 불가리아에 선전 포고를 했어요. 2차 발칸 전쟁이 일어난 거예요.

전쟁에서 불가리아는 여러 나라로부터 공격을 당해 지고 말았어요. 하는 수 없이 불가리아는 각 나라들과 가까운 지역에 있는 영토를 쪼개서 나누어 주었답니다.

사라예보의 총소리

1차 발칸 전쟁이 끝났을 때, 세르비아는 알바니아를 차지하고 알바니아 영토에 있던 항구를 사용해 바다로 나가려 했어요. 하지만 이런 기대는 오스트리아-헝가리가 알바니아를 독립 국가로 인정하면서 깨지고 말았어요. 세르비아의 오스트리아-헝가리에 대한 원한은 깊어졌어요. 이후에도 오스트리아-헝가리는 세르비아를 없애기 위한 음모를 계속 꾸몄어요. 그만큼 세르비아도 오스트리아-헝가리에 대한 원한이 더욱 깊어졌어요.

세르비아는 러시아를 등에 업고 오스트리아-헝가리를 거부하는 운동을 펼쳤고, 그 탓에 두 나라는 사이가 매우 나빠졌어요.

그러던 1914년 6월 28일, 오스트리아-헝가리의 황태자 프란츠 페르디난트 부부가 보스니아의 수도 사라예보를 방문했어요. 두 사람은 군사 훈련을 둘러보고 돌아가는 길에 올랐어요. 그런데

오스트리아-헝가리의 황태자 부부
프란츠 페르디난트는 황제의 조카로 태어나 1896년 황태자가 되었다. 1900년에는 주변의 반대를 무릅쓰고 궁정 시녀였던 조피와 결혼했다. 암살당하던 날은 결혼 14주년이었다고 한다.

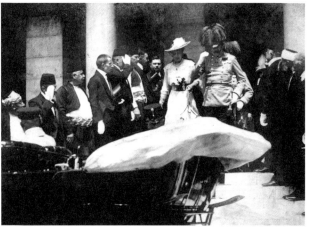

황태자 부부가 탄 자동차가 라틴 다리 앞에서 속도를
줄였을 때 총소리가 들려왔어요.

　잠시 후 황태자비가 황태자의 품에 얼굴을 묻으며 쓰
러졌어요. 이어 황태자도 함께 쓰러졌지요. 그런 중에
황태자는 황태자비를 흔들며 말했어요.

“아이들을 위해서 살아야 해요!”

　하지만 황태자 부부는 총성이 울린 지 얼마 안 되어
세상을 떠났어요. 범인 가브릴로 프린치프는 범슬라브
주의 비밀 결사에 소속된 세르비아 학생이었어요.

가브릴로 프린치프

- - - - - - - - - - - - - - - - - - -
1894년 시골의 가난한 농가
에서 태어났어. 형을 따라 도
시로 나와 세르비아 민족 운
동에 가담했어.

황태자 부부의 암살 소식이 전해지자 오스트리아-헝가리 정부는 즉시 독일에 이 일을 알렸어요.

"세르비아와 전쟁을 해야 할지도 모르겠소."

독일의 빌헬름 2세는 오스트리아-헝가리가 어떤 결정을 내릴지라도 지지하겠다고 약속했어요.

이런 약속을 받은 오스트리아-헝가리는 세르비아에 즉시 자신들의 요구 사항을 전달했어요.

"세르비아 정부는 빠른 시일 안에 반오스트리아 단체를 모두 해산시키고, 오스트리아-헝가리에 반감을 표시하는 관리들을 모두 해고하시오. 또한 사라예보 황태자 부부 암살 사건의 재판에 오스트리아 관리가 참여하게 해 주시오."

이를 포함한 10개 조항을 보내고 48시간을 주었지요. 세르비아는 오스트리아-헝가리의 요구를 들어주기로 했지만 오스트리아-헝가리 관리가 직접 조사하는 것만큼은 받아들일 수 없었어요. 그러자 오스트리아-헝가리는 한 개의 조항이라도 거부한다면 군사를 보내

암살이 일어난 사라예보의 라틴 다리
오스만 제국이 다스릴 때 만들어진 다리이다. 프란츠 페르디난트 황태자 부부가 탄 자동차는 이 다리 앞에서 잠깐 속도를 줄였고 이때 가브릴로 프린치프의 공격을 받았다.

겠다고 겁을 주었어요. 그리고 즉시 오스트리아-헝가리 전 지역의 군대를 모으기 시작했어요. 이 상황을 지켜본 러시아는 세르비아를 돕겠다고 나섰어요. 슬라브 국가가 수모를 당하게 둘 수 없기 때문이었어요. 게다가 이 일로 오스트리아-헝가리가 발칸 반도에 나오면 러시아 또한 위협받을 게 뻔했어요.

"러시아는 즉시 전쟁 준비를 멈추시오."

이번에는 독일이 나서서 요구했어요. 하지만 러시아는 독일의 경고를 무시하면서 대답을 하지 않았어요.

1914년 7월 28일, 오스트리아-헝가리는 독일의 지원을 등에 업고 세르비아에 선전 포고를 했어요. 독일도 세르비아를 지원하기로 결정한 러시아에 선전 포고를 했고, 이어 러시아와 동맹을 맺은 프랑스에도 선전 포고를 했어요. 나아가 독일군에게 길을 내주길 거부하는 벨기에를 향해서도 선전 포고를 했어요.

프랑스도 가만있지만은 않았어요. 러시아를 돕기 위해 독일에 선전 포고를 했어요. 영국도 독일이 벨기에를 침략해선 안 된다며 독일에 선전 포고를 했어요.

유럽의 온 나라가 서로를 향해 선전 포고를 한 셈이었어요.

세르비아와 맞서던 불가리아와 오스만 제국은 독일

쪽에 힘을 더하기로 했어요. 이탈리아는 프랑스, 러시아와 비밀 협약을 맺어 주변의 영토를 나눠 받기로 약속하고 프랑스 편을 들었어요. 또한 그리스 국왕은 독일 편을 들고 있었는데, 파면당한 총리 베니젤로스가 이에 대한 보복으로 임시 정부를 세우고 프랑스 편에 섰어요. 루마니아는 오래 전부터 영국과 프랑스에 곡물을 수출하고 있던 터여서 독일에 선전 포고를 했지요.

그리스의 정치가 베니젤로스
1864년 그리스에서 태어나 변호사가 된 뒤 오스만 제국에 저항했고, 국무총리가 되었다.

전쟁 중에는 더 많은 나라들이 이 싸움에 끼어들었어요. 특히 프랑스와 영국을 중심으로 하는 연합국 측에는 무려 30개의 나라가 힘을 더했어요. 그럼으로써 제1차 세계 대전이 시작되었답니다.

 ## 치열한 전쟁의 흐름

1914년 8월, 독일군은 재빨리 프랑스를 꺾고 러시아군과 맞서겠다는 작전을 짰어요. 그래서 먼저 엄청난 수의 군사를 프랑스와 맞서고 있는 서부 전선으로 보내 공격하기 시작했어요.

여러 전투에서 독일군은 승승장구할 수 있었어요.

하지만 독일군의 공격은 곧바로 무뎌졌어요. 생각했던 것보다 빠르게 러시아군이 남쪽으로 내려왔기 때문이에요.

"동부 전선이 위급합니다. 러시아군이 몰려와요!"

독일은 군사 일부를 그쪽으로 보내야 했어요.

독일과 프랑스 군대는 파리에서 65킬로미터쯤 떨어진 지점에서 마주한 채 전투를 펼쳤어요. 어느 한쪽이 포격을 시작하면 다른 한쪽은 참호를 파고 숨어 있다가 포격이 그치면 반대로 공격을 시작했지요. 그걸 수없이 반복했고, 그러는 동안 양쪽의 병사들은 한 치의 땅도 더 빼앗지 못하고 끊임없이 죽어만 갔어요.

특히 프랑스는 1915년까지 100만 명이 넘는 병사들이 죽거나 다쳤는데도 얼마 나아가지 못했어요.

그러던 1916년 여름, 영국과 프랑스는 독일군을 프랑스 영토 밖으로 몰아내기 위해서 솜강 지역에 머물고 있던 독일군을 온 힘을 다해 공격했어요.

하지만 영국과 프랑스군의 공격은 별로 힘을 쓰지 못했어요. 포탄이 터지지 않는 경우가 많았던 데다가 독일군이 방어를 위해 깊게 파놓은 참호는 쉽게 무너지

포격

대포를 쏘며 공격하는 일이란다.

참호

전투에서 몸을 숨기기 위해 만든 구덩이야.

솜강 지역

프랑스 동북부에 흐르는 솜강 주변 지역이야.

지 않았기 때문이지요. 결국 연합군의 상당수는 독일군의 참호 앞에 이르기도 전에 기관총 세례를 받고 목숨을 잃어야 했어요. 물론 참호 앞까지 다가간 영국군 병사들도 기다리던 독일군의 총칼에 번번이 죽임을 당하고 말았어요.

"안 되겠습니다. 탱크를 써야겠어요."

9월, 영국군 총 사령관 헤이그는 마침내 제1차 세계 대전에서 처음으로 탱크를 사용하기로 결정했어요. 아니나 다를까 독일군은 거대한 탱크에 겁을 먹었어요. 그런 덕분에 영국군은 독일군을 조금 더 북쪽으로 밀어낼 수 있었어요.

하지만 탱크의 효과는 오래가지 못했어요. 부근 지역에 진흙이 많아 제대로 움직이기 힘들었고 고장도 잘 났어요.

결국 11월 18일, 엄청난 폭설로 솜 강 지역의 전투는 사실상 막을 내렸어요. 그나마 연합군은 독일군을 12킬로미터 정도 밀어내는 데 성공했지요. 하지만 이때, 영국군과 프랑스군은 약 62만 명이 죽거나 다쳤어요. 희생에

영국군을 이끈 사령관 헤이그
1861년 영국에서 태어나 1885년 군대에 들어갔다. 보어 전쟁에 참전했고 제1차 세계 대전에서는 총사령관으로 영국군을 이끌었다.

비해 보잘것없는 결과였지요.

이듬해 4월 프랑스군은 다시 힘을 모아 독일군을 공격했어요. 하지만 불과 열흘 만에 18만여 명이 죽거나 다치고도 독일군을 완전히 물리치지 못했어요. 이후 프랑스군에서는 싸우지 않고 도망쳐 버리거나 명령을 따르지 않는 병사들이 늘어나기 시작했어요. 그뿐 아니라 전쟁을 반대한다고 외치는 병사들도 생겨났지요.

한편 1914년 8월 러시아와 싸우던 독일군은 숲과 호수가 많은 타넨베르크에서 러시아군을 포위하여 큰 승리를 거두었어요. 이때 수많은 독일군과 러시아군이 죽

🎲 타넨베르크

당시 독일의 동북부 지역이었어. 지금은 폴란드 땅이야.

거나 다쳤어요.

 1915년 봄, 독일군은 이 기세를 몰아 러시아와의 전투에서 어려움을 겪고 있던 오스트리아-헝가리로 갔어요. 그리고 오스트리아-헝가리가 빼앗겼던 갈리시아(오늘날 폴란드의 남부 지방) 땅을 되찾고 폴란드 지역 대부분을 차지할 수 있었어요. 이 전투 이후 러시아는 1916년까지 별다른 반격을 하지 못했어요. 더구나 러시아는 국내에서 자주 소요가 일어나는 바람에 이러지

반격

먼저 공격한 상대방을 공격하는 일이야.

소요

여러 사람이 뜻을 표현하기 위해 들고 일어나는 일로 폭력 사태가 벌어지기도 해.

도 저러지도 못하는 상황이 되고 말았어요.

결국 동맹국과 연합군 사이의 전쟁은 생각보다 오랜 기간을 끌며 지속되었고, 전쟁에 참여한 모든 나라들은 동원할 수 있는 모든 무기를 동원했어요. 탱크는 물론이고 잠수함까지 등장했어요.

특히 연합국에 비해 해군의 힘이 떨어졌던 독일은 해군을 키우기 위해 온 힘을 쏟았지만 바다 위 전쟁이 시작되자 곳곳에서 패했어요. 뿐만 아니라 연합국이 바다를 막자, 독일은 해외 식민지의 대부분을 잃고 말지요.

 미국, 전쟁에 뛰어들다

독일이 바다 위에서는 불리했지만 그렇다고 바다를 포기한 것은 아니었어요. 독일은 1915년 이후에는 잠수함을 이용해 바다에서 전투를 벌이기 시작했어요. 독일은 무제한 잠수함 작전을 펼쳤어요. 이때부터 유보트라 불린 독일의 잠수함은 북해에서 지중해에 이르기까지 적국과 중립국을 가리지 않고 모든 배를 공격하기 시작했어요.

이후부터 유보트는 연합국 함대에게 공포의 대상이

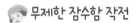 무제한 잠수함 작전
- - - - - - - - - - - - - - -
연합국의 해군력을 무너뜨리기 위해 독일이 정한 항로가 아닌 항로로 다니는 모든 배를 격침시키는 작전이었어.

되었어요. 제1차 세계 대전이 한창 진행 중이던 1915년 5월 8일, 미국 시민들은 신문 기사를 보고 깜짝 놀랐어요. 영국의 배 루시타니아 호가 독일 잠수함의 공격으로 침몰된 사건 기사였는데, 이 배에 타고 있던 미국인 128명이 목숨을 잃었다는 내용이었어요.

이때까지만 해도 미국은 전쟁에 참가하지 않은 채 중립을 지키고 있었어요. 그편이 미국에는 훨씬 유리했어요. 영국에 필요한 군사 장비와 곡물을 비롯한 군사 물자와 생필품을 팔아 막대한 이득을 얻고 있었기 때문이에요.

하지만 독일은 이를 못마땅하게 생각했어요. 영국으로 물자가 가지 못하게 막아 영국을 고립시키면 싸우지 않고도 이길 수 있다고 생각했기 때문이에요. 그래

격침

배를 공격하여 가라앉히는 일을 말해.

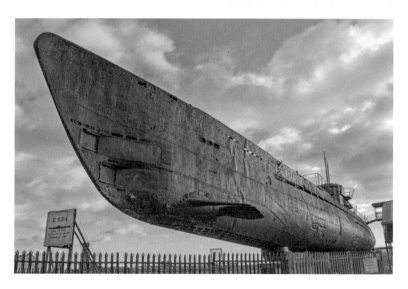

독일 잠수함 유보트
이름에 독일어로 '바다 아래에서 다니는 배 (Unterseeboot)'라는 뜻이 담겨 있다. 소리를 거의 내지 않고 빨리 잠수할 수 있었다.

서 독일은 영국을 오가는 모든 선박들을 격침시키기 시작했어요. 루시타니아 호 역시 그 때문에 독일의 공격을 받고 침몰했지요.

사건이 터지자 미국의 윌슨 대통령은 독일에 항의했어요. 그리고 1916년 5월, 독일과 협정을 맺고 앞으로는 민간 상선을 절대 공격하지 않겠다는 약속을 받아냈어요.

하지만 독일은 무제한 잠수함 작전을 계속 펼쳤고, 결국 미국은 독일과 관계를 끊었어요. 그래도 아직 미국은 전쟁에 참가하겠다는 뜻을 밝히지 않았어요.

연합국은 마음이 급해졌어요. 연합국 쪽의 사정이 아주 불리했기 때문이에요. 러시아는 나라 안에서 혁명이 일어나 연합국에서 떨어져 나갔고, 영국은 독일이 바닷길을 막아 경제적 어려움을 겪고 있었어요. 전쟁에 참여한 대부분의 나라에서 전쟁을 반대하는 목소리가 커지고 있었어요.

그러던 어느 날, 영국군은 독일 정부가 멕시코에 있는 독일 대사에게 보내는 암호문을 손에 넣었어요. 그 내용은 아주 놀라웠어요.

"독일과 미국이 전쟁을 할 경우, 멕시코가 독일 편에서서 미국과 힘겨루기를 해 주시오. 만약 전쟁에서 승

민간 상선

관청이나 정부 기관에 속하지 않고 일반인들이 무역, 상업을 위해 사용하는 배를 말하지.

암호문

약속된 당사자들만 이해할 수 있도록 쓰여 있는 글을 말해.

리하면, 멕시코는 그 대가로 미국의 텍사스와 뉴멕시코, 애리조나 주를 얻게 될 것이오."

물론 이런 독일의 작전은 이루어지기 어려웠지만, 영국은 얼른 이 정보를 미국 정부에 전해 주었어요. 미국 정부는 깜짝 놀랐어요. 윌슨 대통령은 하루 빨리 독일에 선전 포고를 해야 한다고 국회에 요구했어요.

마침내 1917년 4월, 미국은 독일에 선전 포고를 하고 전쟁에 참가했어요.

"미국은 오로지 민주 국가를 보호하기 위해 참전하는 것입니다!"

이럴 수가! 가만히 있으면 안되겠어!

윌슨 대통령이 이렇게 선언하자 연합국의 사기는 한껏 올랐어요. 반면 독일군의 사기는 떨어졌어요. 독일 내부에서는 파업이 일어났고, 빨리 전쟁을 끝내야 한다는 목소리가 커져 갔어요.

'미국이 연합국에 지원군을 보내기 전에 재빨리 전쟁을 끝내야 해.'

독일군 사령관 루덴도르프는 이렇게 생각했어요. 독일군은 러시아가 전쟁에서 발을

미국의 군인 모집 포스터
제1차 세계 대전 당시
미국 육군이 삽화가 제임스
플래그에게 맡겨 그리게 했다.
미국의 참전으로 연합군은
큰 힘을 얻었다.

빼 한시름 놓게 된 동부 전선을 그대로 두고, 대부분의 군사를 서부 전선으로 모이게 했어요. 그리고 영국과 프랑스 중심의 연합군을 공격했어요.

하지만 6월, 미군의 도움으로 연합군은 독일군의 거센 공격을 막아 내고 독일군을 몰아붙이기 시작했어요. 그 기세가 매우 거셌어요.

마침내 1918년 9월 불가리아가 항복했고, 10월에는 오스만 제국과 오스트리아-헝가리가 전쟁을 멈추자고 제안했어요. 독일 안에서는 계속해서 혁명이 일어났고, 11월에는 독일 황제 빌헬름 2세가 왕위에서 물러났어요. 빌헬름 2세는 안전을 위해 네덜란드로 망명했지요.

그날 저녁, 급하게 꾸려진 독일의 임시 정부는 연합

독일, 어떻게 통일할까?

1848년 독일 프랑크푸르트에서 회의가 열렸어요. 이 회의의 중심 주제는 독일 통일의 중심 국가를 누가 맡느냐 하는 것이었어요.
프로이센을 내세우는 소독일주의, 오스트리아를 내세우자는 대독일주의가 맞섰지요. 이 회의에서 소독일주의가 채택되면서 프로이센이 통일의 중심 국가로 나서게 되었어요. 그런데, 통일 과정에서 오스트리아가 프로이센을 동등한 국가가 아닌 아래 나라로 취급하자 프로이센은 통일 국가에 오스트리아를 포함시키지 않았답니다.

국 측의 휴전 조건을 모두 받아들인다는 약속을 해야
만 했어요. 그리고 11월 11일, 파리 주변 도시에서 독
일 정부와 연합국이 맺은 휴전 조약이 발표되었어요.
이에 따라 3천만 명이 넘는 사람들을 죽거나 다치게
한 제1차 세계 대전은 끝이 났어요.

망명

자기 나라에서 위기에 놓여
다른 나라로 피해 떠나는 걸
말해.

제1차 세계 대전이 일어난
원인이 뭘까?

제1차 세계 대전의 무기들

기관총

▲ 호치키스 기관총

영국에서 1883년 개발된 맥심 기관총이 가장 널리 쓰였어요. 이후 프랑스에서 호치키스라는 기관총도 개발되어 사용되었어요. 기관총을 사용하면서 이전까지 모든 지상 전투에서 으뜸으로 여겨지던 기병대(말을 탄 군대)는 힘을 잃었답니다.

전차(탱크)

영국에서 개발된 '마크 1호'가 독일군과의 전투에 사용되었어요. 이후 프랑스에서 '르노 전차'를 개발했고, 이것이 오늘날 전차의 표본이 되었지요. 독일도 전차를 개발했지만 충분하지 못했어요. 하지만 제2차 세계 대전 당시에는 독일 전차 부대가 맹활약하게 된답니다.

▲ 마크 1호

방독면

독가스와 방독면

독일의 과학자 하버가 소금을 분해해 나온 염소로
독성이 있는 가스를 만들어 사용하기 시작했어요.
이를 피하기 위해 방독면이 개발되었지요. 이 당시
수송 수단의 하나였던 말을 보호하기 위해 말에게
방독면을 씌우기도 했어요.

잠수함

잠수함은 이미 1900년대 초부터 여러 나라에서
개발되었으나, 독일이 가장 강력한 잠수함을
만들어 작전을 벌였어요. 특히 독일 잠수함
유보트 U-9호는 최초로 영국 배를 공격하여
그 위력을 보여 주었어요. U-9호의 승무원들은
황제 빌헬름 2세로부터 훈장을 받았다고 해요.

유보트

3장 러시아 혁명

러시아 제국의 형성
1533~1689년 ●
1689~1894년 ●

북극해
베링 해
핀란드
상트페테르부르크
오호츠크 해
우크라이나
시베리아
흑해
투르키스탄
카스피 해
몽골
동해
일본
이라크
중국
한국

나는 모스크바에 사는 도브로셸로바라고 해. 엄마랑 밀 배급을 받으러 왔어. 이제부터 소비에트 정부가 먹을 것을 나누어 준다고 했거든. 옷도 나누어 준대. 참, 집도 옮길 거야. 정부에서 지정해 준다나. 황제가 다스릴 때랑 너무 달라져서 어리둥절해. 모든 걸 정부에서 똑같이 주면 가난한 사람도, 부자도 없어지려나? 하지만 모든 게 다 나라 것이고 거기에 따라야 하니까, 우리 자유가 좀 없어진 것 같기도 해.

✝ 노동자들의 항거

유럽 여러 나라가 시민 혁명으로 시끌시끌하고 공화국이 세워지는 등 변화를 겪을 때에도 러시아는 차르 (러시아의 황제)가 지배하는 전제 군주제를 유지하고 있었어요. 여전히 황제가 모든 나랏일을 결정했지요. 산업은 점차 발달했지만 노동자들은 매우 힘들게 살았어요.

러시아의 마지막 황제 니콜라이 2세
1868년 알렉산드르 3세의 아들로 태어났다. 1894년 황제의 자리에 올라 23년간 러시아를 이끌었다.

1904년 즈음에는 일본과 싸워서 연이어 지는 바람에 물가가 엄청나게 올라 노동자들이 더욱 위기에 빠졌어요. 노동자들은 제때에 임금을 받지 못하기 일쑤였고, 늘 굶주렸어요.

차르 정부는 이런 노동자의 고통을 모른 척했어요. 황제 니콜라이 2세는 오로지 권위만을 내세우며 호화롭게 살았어요. 좀 더 나은 대우와 약간 더 높은 임금을 요구하는 노동자들의 목소리는 무시했어요.

그러던 1904년 12월 말, 페테르스부르크의 한 금속 기계 공장에서 노동자들이 일을 멈추고 시위를 시작했어요. 하지만 이 일을 주도한 노동자 네 명이 바로 일자리에서 쫓겨났지요.

"해고된 노동자가 다시 일하게 해 주시오."

공장주는 이를 거부했어요. 그러자 다른 여러 공장에서도 노동자들이 일을 멈추고 시위를 시작했어요. 1월 초까지 약 400개의 공장에서 11만 명의 노동자가 일을 멈추고 시위를 함께 했어요.

결국 노동자들은 자신들의 안타까운 처지를 황제에게 직접 호소하기로 뜻을 모았어요.

"공장주는 우리를 무시하고 있습니다. 우리가 직접 황제에게 우리 처지를 말해 봅시다!"

이들은 임금을 올려 달라는 등의 요구가 담긴 글을 써서 페테르스부르크의 겨울 궁전(70쪽)까지 행진하는 계획을 세웠어요. 맨앞에 러시아 정교회(그리스 정교의 한 갈래)의 가폰 신부가 있었어요.

가폰 신부는 원래 러시아의 비밀경찰이 고용한 스파이였어요. 신부가 맡은 일은 노동자들이 덜 폭력적으로 시위하게끔 하는 것이었어요. 가폰 신부는 노동자들이 간곡히 부탁하면 황제가 받아들이는 식으로 노동자의 불만을 가라앉히려 했어요. 그래서 몰래 황제에게 편지를 써 보냈지요.

 페테르스부르크

상트페테르부르크의 옛 이름이야. 1914년부터 페트로그라드로, 1924년부터 레닌그라드로 불렸어. 1991년 상트페테르부르크란 이름을 되찾았어.

 해고

고용되어 일하던 사람을 일을 영영 그만두고 나가게 하는 일이야.

🧑 가폰 신부

1873년 농부의 아들로 태어나 스물네 살에 신부가 됐어. 이후 죄수들을 잘 관리해 정부로부터 신임을 받았지.

황제께서 노동자들을 만나 이들이 원하는 걸 들어주시면 노동자들은 황제에게 충성을 바칠 것이며, 차르의 권위는 더 빛날 것입니다.

🎖 율리우스력

혁명 전 러시아에서는 16세기까지 유럽에서 쓰던 율리우스력을 사용했어. 율리우스력은 오늘날 우리가 쓰고 있는 태양력보다 13일 늦어.

1905년 1월 22일(율리우스력 1월 9일) 가폰 신부를 앞세운 노동자 행렬이 겨울 궁전 앞에 이르렀을 무렵, 행렬은 약 15만 명으로 늘어나 있었어요. 이들은 종교 그림과 황제의 초상화를 들고 외쳤어요.

"신이여, 황제를 보호하소서!"

그리고 황제에게 낸 청원서에는 이런 내용이 담겨 있었지요.

🎩 청원서

일을 해결해 달라고 부탁하며 써내는 문서를 말해.

폐하! 우리 페테르스부르크의 노동자들은 정의와 보호를 구하기 위해 당신께 가고 있습니다. 저희는 가난하게 살아왔고, 힘들게 일하면서도 그 비참한 운명을 모두 견뎌 냈습니다. 하지만 이제는 더 이상 참을 수 없어서 공장주에게 최소한 살 수 있게만 해 달라고 빌었지만 거절당했습니다.

…… 폐하, 저희를 버리지 마시옵소서. 저희의 부탁을 들어주시면 러시아는 행복한 나라가 될 것입니다. 만약 저희를 거두어 주지 않으신다면 저희는 광장에서 죽을 것입니다.

또한 청원서에는 헌법을 만들 의회를 세울 것과 언론과 출판의 자유를 보장해 달라는 내용, 8시간 노동제를 지켜 달라는 내용이 들어 있었지요.

하지만 노동자들을 기다리는 사람은 황제가 아니라 총을 든 병사들이었어요. 노동자들은 그들을 향해 외쳤어요.

"병사들이여, 우리에게 총을 쏘지 말라!"

겨울 궁전
1762년 표트르 대제의 딸
엘리자베타 여제 때
바로크식으로 지어진
궁전이다. 유럽에서 손에 꼽힐
정도로 규모가 크다.

　하지만 그 소리가 광장에 채 퍼지기도 전에 총소리가 울렸어요. 병사들이 노동자들을 향해 총을 쏘기 시작했던 거예요. 노동자들은 급히 몸을 피하려 했지만 순식간에 1천여 명의 노동자가 그 자리에서 총에 맞아 숨졌어요. 그리고 2천 명 이상이 부상을 당했어요.

　이 사건을 피의 일요일 사건이라 불러요.

　경찰의 편에서 시위를 평화롭게 이끌던 가폰 신부도 이 상황을 보고 분노했어요. 가폰 신부는 일단 주위 사람들의 도움으로 외국으로 몸을 피했어요. 그리고 황제 니콜라이 2세를 저주하는 편지를 보냈어요.

　살인자여, 노동자들이 흘린 피가 결국에는 당신과 당신의 가족에게 흐르리라!

잔인한 학살 소식은 금방 러시아 전 지역에 퍼져 나갔어요. 그러자 더 많은 노동자들이 파업을 일으켰고, 농민과 몇몇 부르주아들도 시위에 힘을 더했어요. 그리고 의회를 모아 헌법을 만들고 자유를 보장하라며 곳곳에서 시위를 벌여 나갔어요. 어떤 지역에서는 사람들이 무기를 들고 일어나기도 했지요. 뿐만 아니라 전함 포템킨 호의 해군 병사들도 차르를 반대하며 반란을 일으켰어요.

그리고 5월에는 소비에트가 시위를 이끌어 갔어요. 이들은 공화제와 정치범을 석방하라는 요구까지 했어요. 하지만 차르 정부는 이들을 탄압하면서 학살을 서슴지 않았어요. 그래도 시위가 누그러들지 않자, 차르 정부는 마침내 10월 선언을 발표했어요. 10월 선언에는 언론과 출판, 집회(모임), 결사(여러 사람이 모여 단체를 만드는 일)의 자유를 보장하고 헌법을 만들 의회를 세우겠다는 내용이 들어 있었지요.

그 덕분에 시위는 수그러들었고, 부르주아들은 더 이상 시위에 참여하지 않게 되었어요. 그럼으로써 시위의 기세는 한풀 꺾였지요.

 부르주아

많은 돈을 가지고 기업을 세워 사람들을 고용하거나 돈을 빌려주어 이자를 받아서 이윤을 내는 사람을 말해.

소비에트

러시아 말로 '대표자 회의'를 뜻해. 노동자와 농민, 병사의 대표자로 이루어져 있었지.

혁명을 잠재우려 한 10월 선언

니콜라이 2세가 입헌 군주 제도를 약속한 칙령이었다. 하지만 잘 지켜지지 않았다.

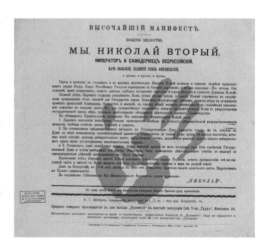

니콜라이 2세는 이때를 틈타 소비에트를 체포하여 옥에 가두고 10월 선언도 사실상 지키지 않았어요. 아울러 시위 세력들을 좀 더 철저하게 감시했어요. 혁명 직전까지 갔던 노동자들의 항거는 잠잠해졌지요.

하지만 피의 일요일 사건은 그로부터 10년 뒤에 일어나는 혁명의 작은 불씨가 되었답니다.

 항거
순종하지 않고 맞서서 반항하는 일을 말해.

전제 군주제가 무너지다

제1차 세계 대전이 일어나기 직전, 러시아가 전쟁에 나서려 하자 내무 대신 두르보노가 주장했어요.

"러시아에 지금 필요한 것은 전쟁이 아니라 개혁과 평화입니다. 지금 전쟁에 참여하면 운송 시설이나 군사 장비 모두 허술해서 질 수밖에 없어요."

전쟁에 질 경우 로마노프 왕조가 무너질지 모른다는 경고도 곁들였어요. 하지만 차르 정부는 두르보노의 경고를 무시하고 전쟁에 참가했어요. 아니나 다를까 강력한 독일군을 만나 매번 지기만 했지요. 그 탓에 러시아의 경제는 뿌리부터 흔들리기 시작했어요. 돈의 가치가 떨어지면서 살아가는 데 꼭 필요한 물건 값이 크게

로마노프 왕조
1613년 프로이센 귀족의 후손인 미하일 1세가 러시아 황제가 된 뒤 300여 년간 대대로 러시아 황제의 자리를 이어 온 왕조야.

올랐어요. 도시 노동자들은 더욱 굶주렸지요. 그럴수록 차르 정부에 대한 불만은 점점 더 커져 갔어요.

그럼에도 불구하고 니콜라이 2세는 여전히 황제로서의 위엄만 강조할 뿐 이런 러시아의 상태에 관심을 두지 않았어요. 황제는 여전히 호화스럽게 살았고 라스푸틴(74쪽)이라는 이상야릇한 수도승을 궁궐로 끌어들여 궁정을 휘젓게 했어요.

니콜라이 2세가 라스푸틴을 궁궐로 불러들인 이유는 혈우병을 앓고 있는 아들 알렉세이 때문이었어요. 라스푸틴은 자신에게 그 병을 고칠 수 있는 비밀스런 방법이 있다고 주장했고, 황제는 그 말을 믿었어요. 라스푸틴은 황후의 총애까지 받으며 나랏돈을 흥청망청 써 댔고, 툭하면 술판을 벌였어요. 심지어 라스푸틴은 니콜라이 2세가 전쟁터에 나간 뒤 자신이 직접 관리를 임명하는 등 오만한 짓을 자꾸 했어요. 결국 라스푸틴은 그를 미워하는 신하들에 의해 암살당하고 말았지요.

러시아 시민들은 황제와 차르 정부를 더욱 미워하게 되었어요.

"차르는 백성을 돌보지도 않고, 전쟁에서도 졌어! 우리에게 차르가 왜 필요하지?"

혈우병을 앓은 알렉세이
혈우병은 한번 피가 나면 잘 멈추지 않는 유전병이다. 병은 점점 나아졌으나, 러시아 혁명 속에서 열세 살에 목숨을 잃고 말았다.

러시아 정치를 어지럽힌 라스푸틴
러시아 시골 가난한 농부의 아들로 태어났다. 나중에 한 신비 종교에 들어가 러시아 각지를 돌아다니며 '성자'로 불리기까지 했다.

🎖 **3월 혁명**

율리우스력으로는 2월 23일에 일어났기 때문에 2월 혁명이라고도 해.

곳곳에서 황제를 노골적으로 욕하는 사람들이 늘어났어요. 그리고 마침내 1917년 3월 8일(율리우스력 2월 23일) 페트로그라드(오늘날의 상트페테르부르크)에서 다시 노동자들이 거리로 쏟아져 나왔어요. 3월 혁명이 일어난 거예요.

다음 날에는 파업에 함께한 사람이 20만 명에 이르렀어요. 일반 시민들까지 파업에 찬성했어요. 그들은 목청껏 외쳤어요.

"전쟁을 멈춰라!"

"우리에게 빵을 달라!"

시위는 갈수록 뜨거워졌고 차르 정부는 사람들에게 한곳에 모이지 말라고 경고했어요. 하지만 그 명령은 소용이 없었어요. 그러자 차르 정부는 더욱 강하게 시위를 진압했어요. 또 다시 무력을 사용할 태세였지요.

하지만 이번에는 달랐어요. 병사들은 노동자와 시민들에게 총 쏘기를 거부했어요.

"우리는 형제와 이웃에게 총을 쏘지 않겠다!"

그리고 병사들은 노동자와 시민 편에 섰어요. 이런 행동은 모든 부대로 퍼져 나갔어요. 심지어 정치범을 풀어 주기도 했지요. 결국 얼마 지나지 않아 노동자와 반란군이 수도 페트로그라드를 차지했고, 주변에는 이들을 해산시킬 차르의 군대가 하나도 남아 있지 않았어요.

이때, 제1차 세계 대전 전선에서 부대를 지휘하던 니콜라이 2세는 급히 황궁으로 돌아가서 사태를 수습하기로 마음먹었어요.

하지만 그마저도 뜻대로 되지 않았어요. 철도 노동자와 군대가 황제의 뜻을 따르지 않았기 때문이에요.

이미 수도는 의회와 소비에트가 임시 위원회를 만들어 질서를 회복하고 있는 중이었어요. 의회와 소비에트는 니콜라이 2세의 퇴위를 결정하고 이를 니콜라이에게 알렸어요. 니콜라이는 망설이다가 그 결정에 따르기로 했어요.

하지만 왕위를 물려받을 자격이 있는 니콜라이의 아들 알렉세이는 몸이 아팠어요. 그래서 동생 미하일에게 황제 자리를 넘기기로 했지요.

"나는 황제의 자리를 내 아우인 미하일 대공에게 넘기겠소."

그런데 다음 날 아침, 이 소식을 들은 미하일 대공은 고개를

 퇴위

왕의 자리에서 물러나는 일이야.

우리는 형제와 이웃에게 총을 쏘지 않겠소!

저었어요.

"나는 황제의 자리를 이어받을 수가 없습니다."

자신이 없었기 때문이에요. 결국 약 300년간 이어져 내려오던 로마노프 왕조는 막을 내렸어요. 니콜라이 2세와 그 가족들은 러시아 변두리의 한 별장으로 피신했다가, 시베리아의 예카테린부르크로 옮겨 갔어요. 하지만 1918년 7월 니콜라이 2세 가족들은 과격한 혁명주의자들에게 모두 죽임당하고 말았어요.

비극의 현장에 세워진 피의 성당
1918년 니콜라이 2세 황제 가족이 죽음을 맞은 곳에 그 가족을 기리기 위해 2000년대 초에 세운 러시아 정교 성당이다.

한편 1917년 3월 이후 질서 회복에 나섰던 소비에트는 모든 권한을 임시 위원회에 넘겨주었어요. 이렇게 임시 정부가 탄생했지요.

하지만 임시 정부는 시민들의 뜻을 헤아리지 않았어요. 이미 러시아 경제는 파탄 난 거나 다름없었고, 물자 부족 때문에 굶주리는 사람이 많았는데도 전쟁(제1차 세계 대전)을 그만두지 않았어요. 그 때문에 시민들의 실망은 이만 저만이 아니었답니다.

✞ 노동자와 농민의 나라를 꿈꾸다

1917년 4월의 어느 날, 누가 탔는지 아무도 모르는 비밀 열차가 러시아를 향해 달려가고 있었어요. 그 안에 탄 사람은 오랫동안 스위스에 망명해 있던 레닌(78쪽)이었어요. 레닌은 오래전부터 사회주의 사상을 공부하다가 러시아에 혁명이 일어났다는 소식을 듣고 달려가는 중이었지요.

레닌은 이미 사회주의 사상의 이론가이자 작가로 널리 이름을 떨치고 있었어요. 레닌은 러시아로 돌아와 혁명 이후에 무엇을 해야 하는지 기본 방향과 계획을 발표했어요. 이것을 '4월 테제'라 불러요.

임시 정부를 지지해서는 안 됩니다. 모든 권력은 소비에트에게 넘어가야 합니다. 또한 전쟁을 멈추고, 지주들이 가진 토지를 모두 거두어 나라의 것으로 만들어야 합니다. 그리하여 부르주아 민주주의 혁명을 프롤레타리아 사회주의 혁명으로 발전시켜야 합니다.

시민들은 이러한 내용이 담긴 4월 테제에 깜짝 놀랐어요. 급진적인 혁명주의자들의 모임인 볼셰비키 내에

사회주의

생산 수단을 개인이 아닌 국가나 사회가 가지고 개인의 이익보다는 사회 전체의 이익을 추구하는 이론이야.

테제

정치나 사회 운동의 기본 방향과 계획을 말해.

볼셰비키

러시아 사회 민주 노동당은 1903년 볼셰비키와 멘셰비키로 갈라졌어. 볼셰비키는 '다수파'라는 뜻으로 급진적인 프롤레타리아 혁명을 추구한 반면, 멘셰비키는 온건한 부르주아 민주주의 혁명을 추구했단다.

서도 반응에 차이가 있었지요. 하지만 레닌이 3주 동안 설득해 볼셰비키는 이를 공식적인 입장으로 삼았어요.

한편, 임시 정부에 대한 민중들의 분만은 점점 커져 가고 있었어요. 이에 임시 정부의 외무 장관 밀류코프는 연합국에 "최후 승리의 날까지 전쟁을 계속하겠다."는 약속 문서를 보냈어요. '6월 총공격'을 성공시켜서 정부에 대한 지지를 회복하려 한 거예요.

병사들은 전쟁터로 내몰렸어요. 그러나 러시아는 독일에 완전히 졌고, 그 결과 식량을 구하기가 더욱 어려워졌어요.

이러한 상황에서 다시 노동자와 병사들이 "모든 권력을 소비에트로!"라는 표어를 내걸고 시위를 일으켰어요. 이들은 무기를 들고 거리로 나왔어요. 하지만 임시 정부는 군대를 보내 이들을 억눌렀어요. 그리고 레닌을 포함하여 점점 세력이 커지고 있던 볼셰비키 지도자들을 잡아들이라고 명령을 내렸어요. 레닌을 '독일의 첩자'라고 주장하기도 했어요. 레닌은 하는 수 없이 다시 핀란드로 망명의 길을 떠나야 했어요.

그런데 얼마 후, 혁명 세력을 억누를 책임을 맡았던 군대의 최고 사령관 코르닐로프가 임시 정부의 지도자

러시아 혁명가, 레닌
1870년, 교육자의 둘째 아들로 태어났다. 형이 황제 암살 사건 때문에 사형당하자, 사회주의 사상을 공부하기 시작했다. 그 일로 시베리아로 유배를 갔다가 외국으로 망명했다.

케렌스키에게 권력을 내놓으라며 쿠데타를 일으켰어요. 임시 정부는 화들짝 놀라 코르닐로프를 반란군으로 선언하고, 소비에트, 심지어 볼셰비키에게까지 도움을 청했어요. 임시 정부의 힘만으로는 쿠데타를 막을 길이 없었기 때문이에요.

이때 볼셰비키는 재빨리 임시 정부와 함께 코르닐로프의 군대에 맞섰어요. 그러자 코르닐로프의 병사들 중 일부가 볼셰비키로 넘어가기 시작했어요. 그 바람에 쿠데타는 금세 진압되었어요. 수백만 대중의 지지도 쿠데타를 억누르는 데 큰 힘이 되었어요.

볼셰비키의 힘은 빠르게 커져서 소비에트의 주도권을 완전히 차지했어요. 특히 모스크바와 페트로그라드에서 진행된 선거에서 볼셰비키가 압도적으로 표를 많이 받았어요. 볼셰비키는 레닌이 4월 테제에서 주장했던 구호를 다시 내걸었어요.

"모든 권력을 소비에트로!"

10월 초에는 핀란드에 망명했던 레닌도 페트로그라드로 돌아와 주장했어요.

"지금 당장 무기를 들고 일어나 프롤레타리아 혁명을 성공시켜야 합니다!"

처음에는 소비에트 안에서도 옥신각신했지만, 결국

임시 정부의 지도자, 케렌스키
1904년 변호사가 되었다. 혁명 활동으로 정치범이 된 사람들을 변호하면서 유명해졌고, 국회의원이 되어 근로당의 당수가 되었다.

혁명 군대, 적위대
혁명 기간에 볼셰비키가 만든 군대로 노동자들로 이루어져 있었다. 1918년부터 정식 군대가 되어 적위군으로 불리다가 1946년 이후 소비에트 육군이라 불렸다.

 트로츠키

러시아의 혁명가로 1879년 우크라이나의 부유한 농가에서 태어났어. 처음엔 멘셰비키였다가 볼셰비키로 옮겨 레닌을 많이 도와주었어. 레닌이 죽은 뒤 스탈린과 대립했지.

기관지

일정한 목적을 위해 만든 조직에서 내는 신문이야.

볼셰비키 중앙위원회는 레닌의 주장을 따르기로 했어요. 이때 페트로그라드 소비에트 의장이었던 트로츠키가 군사 조직이나 다름없는 적위대를 만들어 돕기로 했지요. 그리고 소비에트 대회가 열리는 11월 7일(율리우스력 10월 25일) 일어나기로 했지요.

하지만 이런 소비에트의 움직임을 임시 정부도 알아챘어요. 케렌스키는 발 빠르게 봉기 하루 전날인 11월 6일(율리우스력 10월 24일)까지 전선에 있던 군대를 수도로 불러들였어요. 그리고 그날 아침 전차를 앞세워 볼셰비키의 기관지 인쇄소를 점령했어요.

그러자 마음이 급해진 레닌은 볼셰비키 중앙위원회에 긴급 편지를 보내 내일이 아니라 오늘 밤에 봉기를 일으키자고 했어요. 그날 밤, 중앙 전신국, 우체국, 전화국, 주요 역이 혁명군에 의해 점령되었어요. 그리고 11월 7일(율리우스력 10월 25일) 밤, 마침내 혁명을 이끌던 지도자들은 소비에트 대회에서 임시 정부가 무너지고 소비에트가 권력을 장악했다고 발표했어요. 다음 날에는 토지는 나라의 것이라고 알렸지요. 그리고 전쟁을 당분간 멈추겠다고 했어요.

이어 임시 정부 관리들을 체포했어요. 케렌스키는 여자처럼 꾸미고 달아났고요.

11월 8일(율리우스력 10월 26일) 오후, 레닌은 수많은 사람들 앞에서 소비에트 정부가 세워졌다고 선언했어요. 그리고 레닌은 트로츠키, 스탈린 같은 사람들로 정부를 구성했지요. 그럼으로써 세계 최초의 소비에트(노동자, 농민, 병사) 정권이 들어서게 되었답니다.

레닌과 활동한 스탈린(왼쪽)
1879년 시골 구두장이의 아들로 태어났다. 어렵게 다닌 신학교에서 차별을 당하며 사회주의에 관심을 갖기 시작했다. 레닌과 함께 혁명 활동을 하다가 레닌이 죽은 후 권력을 차지했다.

 # 사회주의 정부의 탄생

소비에트 정부가 들어선 그해 11월 25일(율리우스력 11월 12일), 보통 선거(82쪽)가 실시되었어요. 헌법을

보통 선거
- - - - - - - - - - - - - - - - - - - -
직업, 성별, 학벌 등에 관계
없이 모든 성인이 투표를 할
수 있는 선거야.

만들 의회를 구성하기 위한 총선거였지요.

그런데 뜻밖에도 이때, 볼셰비키가 얻은 표 수가 전체의 25퍼센트에도 미치지 못했어요. 오히려 다른 정당이 과반수가 넘는 표를 얻어 제1당이 되었지요.

이들은 사실 반혁명 세력으로, 소비에트 정권에 반기를 들었어요.

헌법을 만들기 위한 의회가 소집된 지 하루 만에 소비에트는 의회를 강제 해산시켰어요. 뿐만 아니라 반혁명 세력들도 하나둘씩 없애기 시작했지요. 이처럼 러시아 공산당이 민주주의의 원칙과 가치를 무시하는 모습

러시아 공산당
- - - - - - - - - - - - - - - - - - - -
1918년 3월 이전까지는 볼셰비키라 불렸어.

을 보이자, 점점 공산당에 등을 돌리는 사람들이 많아
졌어요.

그러는 한편, 레닌은 거듭된 전쟁과 혁명 때문에 망
가질 대로 망가진 러시아를 되살려 놓을 방법을 고심
했어요.

우선 전쟁에서 발을 빼야 한다고 생각했지요.

레닌은 독일과 연합국 측에 전쟁을 멈추자고 제안했
어요. 하지만 그 어떤 연합국도 러시아의 목소리에 귀
를 기울이지 않았어요. 하는 수 없이 러시아는 먼저 독
일과 전쟁을 멈추기 위한 협상을 시작했어요.

하지만 독일은 쑥대밭이 된 러시아의 약점을 알아채
고 무리한 요구를 했어요.

 배상금
- - - - - - - - - - - - - - - - - - - -
손해에 대해 물어 주는 돈을
말해.

"전쟁을 멈추는 대가로 러시아 서북쪽에 있는 발트 3
국(에스토니아, 라트비아, 리투아니아), 우크라이나, 핀란
드 지역을 독일이 갖겠소. 배상금도 지불하시오."

우크라이나는 곡물이 많이 나는 곳이었어요.
산업의 핵심 지역이기도 했어요. 러시아
는 인구의 약 30퍼센트와 석탄 생산
량의 90퍼센트를 잃게 되었어요.
브레스트 리토프스크 조약(84쪽)
을 통해서였지요. 이 굴욕적인 조약

에 대해 러시아 안에서는 불만이 많았지만, 레닌은 전쟁에서 벗어나기 위해서는 어쩔 수 없다고 생각했어요.

연합국은 깜짝 놀랐어요. 러시아의 이런 행동은 연합국에 너무나 큰 손실이었기 때문이에요. 그리고 러시아가 사회주의 국가가 되었다는 사실은 자본주의 체제에 대한 심각한 도전이라 판단했지요.

그런데 때마침 러시아의 반혁명 세력들이 반란을 일으켰어요. 옛 로마노프 왕조의 장교들을 중심으로 한 백군이었지요. 이들은 브레스트 리토프스크 조약이 매우 비굴하게 맺어졌다고 생각했어요. 연합국은 백군 세력을 힘껏 도왔어요.

"레닌을 앞세운 러시아가 세계를 뒤바꾸려 하고 있소. 매우 위험한 상황이오. 우리는 자본주의 체제를 보

러시아에 불리한 브레스트 리토프스크 조약
1918년 러시아가 제1차 세계 대전 중에 오늘날의 폴란드 국경 근처 브레스트에서 독일 등 유럽 나라들과 맺은 조약이다.

호하기 위해서라도 러시아의 공산 세력을 막을
필요가 있소!"

그러자 러시아의 볼셰비키 정권은 비밀경찰을
시켜서 백군을 탄압하기 시작했어요. 가장 먼저
로마노프 왕가의 사람들을 사형에 처했어요. 반
란을 일으킨 사람들에게 겁을 주고 세력을 약하
게 만들기 위해서였어요.

아울러 트로츠키가 제안한 대로 적군을 더욱
많이 키워서 철저하게 군사 훈련을 시켰어요.
그런 중에 레닌이 암살을 당할 뻔하기도 했고,
백군이 중앙 러시아로 들이닥쳐 수도권에 식량이 제대
로 오지 못하기도 했어요.

하지만 트로츠키가 기른 적군이 반란군 진압에 나섰
고, 마침내 백군을 무찔렀어요. 백군의 저항이 끝을 보
이기 시작한 거예요. 이즈음 백군은 연합국의 도움도
받지 못했어요. 제1차 세계 대전이 끝났기 때문이에요.
백군은 맥없이 무너지고 말았지요.

이제 러시아는 명실상부한 세계 최초의 사회주의 국
가가 되었어요. 토지를 모두 거둬들여 농민들이 농사짓
도록 나눠 주었고, 몇몇 사람만 즐겼던 음악이나 미술,
연극도 일반 시민들이 즐길 수 있도록 해 주었어요. 집

백군 홍보 포스터
백군을 기사로, 볼셰비키를
땅에 떨어진 붉은 용으로
표현한 홍보 포스터이다.
소비에트 군대를 적군이라
부른 것에 대비시켜 반란
세력을 백군이라 불렀다.

🎖️ **적군**
- - - - - - - - - - - - - - - - - - -
기존의 적위군을 트로츠키가
개편해서 만든 군대야.

배급제
물자를 정해진 비례에 따라
나누어 주는 제도를 말해.

이나 옷, 식량은 배급제를 통해 나눠 주었고, 전 국민을 교육시켜 글을 모르는 사람이 없게 하려 했어요. 그리고 비록 제대로 시행되지는 못했지만, 남녀가 평등한 세상을 만들려 했어요.

하지만 모든 것이 순조롭지는 않았어요. 경제적 위기는 여전했고, 시민들은 점점 더 큰 불만을 가지기 시작했지요. 하는 수 없이 레닌은 잠시마나 사회주의 체제 대신 자본주의 체제를 부분적으로 이용해 나라를 이끌기도 했어요.

러시아가 서서히 새로운 나라로 자리를 잡아 가자, 유럽 여러 나라가 비로소 러시아 정부를 인정하고 좀

앞날을 예언한 레닌의 유언

평생 동안 러시아를 새롭게 바꾸려 애쓴 레닌은 1924년 죽음을 맞았어요. 그런데 레닌은 죽기 전 병을 앓으면서 자신의 말을 받아 적게 했지요. 중심은 앞으로 혁명을 어떻게 펼쳐 나가야 할까 하는 내용이었지만, 독특하게도 트로츠키, 스탈린 같은 측근의 성격, 마음씨, 재능 등을 분석해 둔 내용이 있어 사람들의 눈길을 끌었어요.
트로츠키의 경우에는 레닌 주변 사람 중 가장 뛰어나지만 혁명의 주요 흐름인 볼셰비키 정신이 투철하지 않아서 조심해야 한다는 평가를 했어요. 스탈린의 경우 처음에는 굉장히 믿었는데, 겪을수록 성격이 차갑고 잔인하다는 평가를 했어요. 권력을 신중히 사용하지 않을 것 같으니 해임하라고 했지요. 정말 스탈린은 이후 정치에서 대립되는 사람을 모두 제거하고 한동안 독재를 했답니다.

더 좋은 관계를 맺으려 했어요. 그러면서도 러시아와
경쟁하기도 했답니다.

네가 1900년대 러시아
황제였다면 백성들이 힘들어
하소연할 때 어떻게 했겠니?

러시아 혁명을 그린
두 편의 소설

막심 고리키의 《어머니》

막심 고리키는 어린 시절 부모님을 여의고 스스로
생계를 책임져야 하는 등 불우한 시절을 보냈어요.
구두 가게 점원부터 짐꾼까지 다양한 일을 하며
어렵게 성장했고, 20대 때에는 러시아 지역을
돌아다니면서 날품팔이는 물론 화물선의 접시닦이,
철도원 일도 했지요. 1898년 《르포와 단편 소설》이라는
작품을 쓰면서 작가로 유명해졌어요.

1906년에 막심 고리키가 쓴 《어머니》는 실제
볼셰비키 노동자를 모델로 하고 있어요.
1902년에 일어난 노동자들의 시위가 배경이에요.
술주정꾼과 살고 있던 가난한 노동자의 아내가
남편이 죽은 뒤 노동 혁명 운동에 뛰어든
아들을 이해하고 자신도 그 활동에 가담하여
혁명가로 변신하는 이야기를 담고 있지요.
이 작품으로 고리키는 혁명 운동의 과정과
진실을 잘 묘사했다는 평가를 받았어요.

파스테르나크의 《닥터 지바고》

영화로 더 잘 알려진 《닥터 지바고》를 쓴 작가
파스테르나크의 아버지는 톨스토이의
《부활》이라는 소설 삽화를 그린 화가로
잘 알려져 있어요. 또한 어머니는 피아니스트로
유명했지요. 파스테르나크는 음악과 철학을
공부한 후 1914년 《구름 속의 쌍둥이》라는 시집을
출간하여 이름을 알렸어요.

파스테르나크의 유일한 장편 소설인 《닥터 지바고》는 1955년에
쓰였지만, 1900년대 초 러시아 혁명기 한가운데 살았던 주인공을
중심으로 하고 있어요. 개인적 자유를 추구했던 지식인의
모습과 사랑, 또한 사회주의 혁명에 대한 환멸 등을
표현하고 있지요.

그러나 이 작품은 러시아에서 발표가
허용되지 않아 1957년 이탈리아에서
출간되었어요. 이 작품으로 파스테르나크는
노벨 문학상 수상자로 결정되었지요.
하지만 소련의 반발로 파스테르나크
스스로 수상을 거부했어요.
1965년에는 미국에서 처음으로 영화로
만들어졌답니다.

닥터 지바고

4장 중국의 근대화와 신해혁명

의화단 운동
의화단 봉기 지역 ●
연합군 진로 →

베이징
청
조선
황해
동해

나는 의화단 단원이야. 우리 청나라 백성들이 요즘 더 가난해지고 배고픔에 시달리고 있어서 걱정이야. 이건 모두 우리 청나라에 들어와 좋은 건 다 가져가 버리는 서양 사람들 때문이야. 우리 의화단은 청나라 땅에서 서양 세력을 모두 내쫓을 거야. 서양 사람들이 세운 교회도, 우리 물건을 빼앗아 가는 철도도 없애야지. 이렇게 하면 굶어 죽어 가는 백성들을 구할 수 있을 거야!

서양의 과학 기술을 배우자

"이젠 우리 청나라가 서양 나라들의 장점을 배워야 할 것 같아요."

아편 전쟁과 태평천국의 난을 겪으면서 몰려오는 여러 강한 나라들을 막아 내지 못한 청나라는 서양의 힘센 나라가 가진 장점을 배워야 한다는 생각을 품게 되었어요. 특히 태평천국의 난 때 상승군을 보고 서양처럼 발전하고 싶다는 바람이 아주 커졌어요. 상승군은 태평천국의 난을 진압하기 위해 청나라와 외국 군인이 모여 만들어진 군대였지요. 발달한 서양식 무기를 가지고 태평천국군을 너끈히 이겼답니다.

"우리나라도 하루빨리 서양의 과학 기술을 배웁시다."

"옳습니다. 그들의 군사 지식과 무기 만드는 기술을 배워야 앞으로 그들에게 지는 일이 없을 것입니다."

조정의 대신들 대부분이 비슷한 생각을 했어요. 하루빨리 근대화를 이루어서 땅에 떨어진 자존심을 회복하고 싶었던 거예요.

이를 양무운동이라 불러요. 원래 '양무'는 외

양무운동에 앞장선 공친왕
함풍제의 동생으로 서양과 친하게 지내려 애쓰며 태평군을 진압했다. 함풍제가 죽은 1861년부터 양무운동을 추진했다.

국과의 외교 관계나 그와 관련된 사
무를 뜻하는 말이었어요. 양무운동은
서양으로부터 여러 가지 문물과 기술
을 받아들여 발전하기 위한 움직임이
었지요.

공친왕을 비롯해 증국번, 이홍장,
좌종당과 같은 인물들이 앞장섰어요.

서양식 대포를 만드는 공장, 금릉기기국
청 말기의 정치가인 이홍장의 주도 아래 서양 기술을 활용해 무기를 만들었다.

처음에는 주로 서양의 과학 지식을 들여오고 새로운
무기를 만들기 위해 힘썼어요. 북경(베이징)과 상해(상
하이)에 외국어 학교가 세워졌고, 서양의 책들이 번역
되었어요. 또한 1865년에는 남경(난징)에 금릉기기국
이 들어섰어요. 상해에 강남제조총국, 천진(톈진)에는
천진기기국이 세워졌지요. 이 기관들은 모두 서양식
무기나 탄약, 배를 만드는 공장들이었어요. 1894년까
지 이러한 기관들은 전국 24곳에 계속 세워졌어요.

그 다음에는 주로 서양식의 군사 훈련 제도를 들여왔
어요. 그리고 통신망과 철도를 만들어 나라 안에서 연
락하거나 오가는 일이 빨라지도록 했지요. 독일과 영
국, 프랑스 같은 나라에 유학생도 많이 보냈어요. 그렇
게 하다 보니 새로운 기술을 배운 인재들이 탄생할 수
있었어요.

😊 **탄약**
- - - - - - - - - - - - - - - - - -
총이나 대포에 쓰는 탄알과
화약을 말해.

**청일 전쟁에 참가한
북양 함대의 배**
이홍장이 영국, 독일 등에서
재료를 들여와 만든 배이다.
하지만 북양 함대에 대한
지원이 줄어서 청일 전쟁 무렵
북양 함대의 힘은 많이 약해져
있었다.

그 다음에는 경공업을 발전시키기 위해 노력했어요. 경공업은 옷감이나 식품 등 크기에 비해 무게가 비교적 가벼운 물건을 만드는 공업이지요. 실을 뽑아서 천을 만드는 방직 공장 등이 들어섰어요.

그뿐만이 아니었어요.

이미 1871년에 근대화된 해군 부대인 북양(베이양) 함대가 만들어졌는데 이 시기에 더욱 강화되었답니다.

양무운동으로 여러 체제가 안정되었고 시설이 들어선 곳은 제법 근대적인 도시가 되어 갔어요. 도시에는 노동자들이 모여들었고, 근대 학문을 공부한 지식인들도 늘어났어요.

하지만 거기서 더 나아가지는 못했어요. 양무운동의 효과가 그리 크지 않았어요.

양무운동이 지배 계층에서부터 시작된 운동이라는

점이 가장 큰 문제였어요. 게다가 외국에서 배운 기술과 문물이 제 기능을 하려면 그에 맞게 제도가 바뀌고 새 인재도 등용되어야 했는데 그렇지 못했어요. 기존의 지배 계층은 그럴 생각까지는 없었던 거예요.

기존 지배층의 주도로 서양처럼 되고자 한 정책이 실패했다는 사실은 청일 전쟁에서 확인되었어요.

청일 전쟁의 계기는 조선에서 일어난 동학 농민 운동이었어요. 1894년 조선에서는 탐관오리의 가혹한 약탈과 탄압을 견디다 못해 농민들이 들고 일어났어요. 동학군이 중심축이 되었기 때문에 동학 농민 운동이라고 불러요. 이때 농민들은 동학 접주 전봉준의 지휘 아래 관군을 곳곳에서 무찌르며 호남 지방(전라남도와 전

접주

동학을 따르는 사람들은 포, 접, 도접, 교주로 구성되어 있었어. 접의 우두머리를 접주라고 했지.

청의 무력함을 보여 준 청일 전쟁

1894년부터 1895년까지 청과 일본이 조선 지배권을 두고 싸운 전쟁이다. 일본은 승리를 거두었고 조선에서 우선권을 갖게 되었다.

청일 전쟁 이후의 우리 땅
청일 전쟁 이후 평양 선교리의
모습이다. 청일 전쟁으로
우리 땅 일부는 이렇게
황폐해졌다.

라북도 지방)을 휩쓸었어요. 나중에는 한양까지 밀고 올라갈 기세였지요. 이에 조선의 조정은 청나라에 도와달라고 부탁했어요. 그런데 이때 조선에서 이권을 나누어 가지려던 일본군이 한발 먼저 조선 땅에 들어왔어요.

이에 외세가 들어올 빌미를 주면 안 되겠다고 판단한 동학 농민군은 스스로 해산했어요. 이제 조선에서 청일 두 나라의 군대는 필요가 없게 되었지요. 그럼에도 불구하고 일본군은 되돌아가지 않았어요. 오히려 청나라에 조선의 일에 간섭을 하지 말라며 떼를 썼어요.

결국 두 나라는 전쟁을 시작했어요. 일본군은 먼저 조선의 경복궁을 점령하고, 아산만 앞바다에서 청나라 군사를 싣고 오는 배를 공격하여 침몰시켰어요.

이어 평양의 대동강을 사이에 두고 벌어진 싸움에서도 청나라군은 혹독하게 지고 말았어요.

이후 청나라는 압록강 어귀에서 벌어진 전투에서도 졌고, 마침내 일본군에게 요동 반도의 여순(뤼순)까지 내주고 말았어요. 이후에도 청나라군은 계속 져서 일본군이 발해만과 산동(산둥) 반도까지 장악했지요. 그리고 이 싸움 중에 청나라 북양 함대까지 전멸하고 말았어요. 일본군은 여차하면 북경까지 갈 태세였어요.

하지만 싸움은 더 이상 커지지 않았고 대신 청나라는 일본의 도시인 시모노세키에서 조약을 맺었어요. 이를 청일 강화 조약, 혹은 시모노세키 조약이라 불러요. 청나라의 이홍장과 일본의 이토 히로부미가 나서서 맺은 조약이었어요. 청나라는 조선에서의 우선권을 일본에 넘겨주어야 했을 뿐만 아니라 일본에 엄청난 배상금과 요동 반도와 대만 등의 땅마저 넘겨주어야 했지요. 물론 러시아와 프랑스, 독일이 이 조약에 간섭하여 요동 반도는 다시 청나라에게 되돌아갔어요. 하지만 청일 전쟁은 청나라의 양무운동이 실패했음을 확실히 보여 주는 사건이었답니다.

강화 조약

전쟁을 하던 나라끼리 전쟁을 멈추기 위한 조건, 배상금 등에 대해 약속한 내용을 담은 조약이란다.

제도를 고쳐 강해지자

**변법을 주장한
강유위 상과 그의 글씨**
변법자강의 주역 강유위는
1858년 광동(광둥)성에서
태어나 유학과 서양 학문을
두루 배웠다. 그리고 청나라
개혁을 위해 힘썼다.

청일 전쟁이 일어난 이듬해인 1895년, 한 장의 상서가 도찰원에 날아들었어요. 1,200여 명이 서명한 것이라 눈여겨보지 않을 수 없었지요.

"나라를 생각지 않고 제 욕심만 챙기는 관료를 물러나게 하고 새 인재를 등용하여 새롭게 나라를 이끌어야 나라가 바로 서고 강해질 것입니다!"

청일 강화 조약을 거부하고 변법(국정 개혁)을 주장하는 내용이었어요. 이런 식으로 나라의 제도를 어떻게 고쳐야 한다는 내용이 담겨 있었는데, 뜻밖에도 도찰원에서는 그 상서를 인정하지 않고 돌려보냈어요. 상서를 올릴 자격이 없는 사람이 올렸다면서요. 상서를 올릴 자격은 관리에게만 있었거든요.

상서를 올린 사람은 강유위(캉유웨이)라는 사람이었는데, 과거 시험을 보러 왔다가 나라가 돌아가는 상황이 하도 답답하여 상서를 올린 것이었지요.

강유위는 마침내 진사 시험에 급제하여 관리가 되었어요. 그리고 1898년 다섯 번째 상서를 올렸어요.

이 상서를 읽은 황제(광서제, 11대 황제)는 솔깃했어요. 하지만 광서제는 어떤 조치도 선뜻 내리지 못했어요. 그때까지만 해도 서태후(100쪽)가 나랏일에 사사건건 간섭하고 있었기 때문이에요.

광서제는 황제인데도 그때까지 2품 이상의 관리를 임명할 수 없었어요. 높은 관리는 오로지 서태후만이 임명할 수 있었지요. 그러다 보니 황제로서 체면이 말이 아니었고 마음껏 정치를 펼쳐 나갈 수도 없었어요.

하지만 광서제는 직접 정치에 나서고 싶은 욕심이 어느 때보다 넘쳤어요. 강유위도 이것을 알고 있었기에 거듭해서 상서를 올렸어요. 이런 끈질긴 상서 덕분에 마침내 광서제도 움직이기 시작했어요.

'이 기회에 나도 서태후의 간섭에서 벗어나 황제로서 권위를 되찾아야겠다.'

그렇게 마음먹은 광서제는 강유위를 궁으로 불러 그가 올린 상서에 대해 이야기를 나누었어요. 드디어 광서제가 변법에 적극적으로 나선 것이에요.

하지만 강유위는 한두 번의 이야기만으로 정치 개혁이 쉽게 이루어지리라 생각하지 않았어요.

도찰원

명나라 황제 홍무제가 만든 기관이야. 명, 청 벼슬아치와 지방 기관이 잘못된 일을 하는지 감시했어.

상서

황제에게 올리는 글이야.

막강한 권력을 휘두른 서태후
자금성 서쪽에 살아서 서태후라고 불린다. 청 말기 함풍제의 후궁이었다. 함풍제가 죽자 어린 아들 동치제와 이후 조카 광서제 때에도 섭정을 하였다.

변법자강 운동
제도를 바꾸어 스스로 강해 지기 위한 활동을 말해.

강유위는 자신이 상서를 올릴 때 서명했던 선비들을 중심으로 '보국회'라는 단체를 만들었어요. 그리고 광서제에게 말했어요.

"헌법과 군사, 학교와 교육의 내용에 대해서는 일본의 것을 본떠 서둘러 제도를 고치셔야 하옵니다."

변법자강 운동을 추진하는 신하들은 광서제가 직접 나라를 다스리게 하려 애썼어요.

하지만 서태후가 이 움직임을 모를 리 없었어요. 서태후는 광서제가 변법자강 운동을 통해 직접 나라를 다스리려 하는 것을 알아차리고 재빨리 호부상서(재무장관) 옹동화(광서제의 스승)를 자리에서 쫓아냈어요. 광서제에게 강유위를 소개한 사람이 바로 옹동화였기 때문이에요.

하지만 광서제는 그에 아랑곳하지 않고 자신을 지지하는 신하 네 사람을 군기장경에 임명했어요. 양예, 유광제, 임욱, 담사동이 바로 그들이었지요. 군기장경으로 임명된 이 네 명은 한 가지 생각에 골몰했어요.

"변법을 이루고 광서제가 직접 나라를 이끌도록 하려면 서태후가 더 이상은 아무것도 할 수 없게 만들어야 합니다."

그러려면 군대가 필요했기 때문에 신식 군대를 이끌고 있던 원세개(위안스카이)를 끌어들이기로 했어요. 담사동이 원세개를 몰래 찾아갔지요.

"서태후를 없애지 않고는 나라를 구할 길이 없습니다. 이화원을 포위하십시오. 그리고 광서제를 직접 보호해 주십시오."

하지만 원세개는 자신에게 별 이득이 없는 담사동의 말을 듣지 않았어요. 원세개는 즉시 이 사실을 서태후 측근에게 일러바쳐 버렸어요.

서태후는 자금성으로 들이닥쳤어요. 그리고 환관과 군대를 시켜 광서제의 방을 샅샅이 뒤져 변법과 관련된 모든 서류를 찾아 빼앗아갔어요. 광서제에게는 스스로 목숨을 끊으라고 명령했어요. 하지만 황족들이 말리는 바람에 광서제를 가둬 두는 것으로 마무리했지요. 변법자강 운동을 추진한 사람들 중 담사동, 양예, 임욱 등 여섯 명은 체포되어 사형을 당했고, 강유위는 일본으로 탈출했어요. 이를 무술정변이라 불러요.

결국 변법자강 운동은 서태후의 간섭으로 실패하고 말았어요. 시작한 지 103일 만에 끝났기에 '백일유신'이라고도 불러요.

군기장경

청의 황제가 정치를 잘 하도록 돕는 중심 권력 기관인 군기처의 관리야.

유신

낡은 제도를 고쳐서 새롭게 한다는 뜻이야.

중국의 군인이자 정치가 원세개

1859년 하남(허난)성에서 태어났어. 과거에 두 번 떨어진 후 군인이 되었지. 한때 조선에 와서 조선 정치에 간섭하기도 했어. 이후 정치가로 중화민국 대총통이 되었어.

외세를 몰아내려 한 의화단

평원현

산동(산둥)성에 있던 지역으로 당시 기독교를 믿는 중국 사람들이 모여 살고 있었어.

열강

'여러 강한 나라'라는 뜻이야.

1899년, 한 무리의 사람들이 평원현을 습격했어요. 습격자들은 이곳에 사는 기독교도를 공격하고 마을을 불태웠어요. 이들은 의화단이라는 비밀 결사 단체의 단원들이었어요.

의화단은 기독교를 앞세워 밀고 들어오는 열강 제국주의자들에 대한 분노와 경제적인 어려움 때문에 만들어졌어요.

"서양 여러 나라가 침략해 오는 통에 청나라 백성들은 살기가 점점 더 어려워지기만 합니다."

"그래요. 우리가 이렇게 사는 것은 모두 다 서양 사람들 때문이에요."

백성들은 서양 사람들을 미워했어요.

"청나라를 일으키고 서양인들을 없애 버리자!"

의화단은 이렇게 외치며 곳곳에서 난동을 일으켰어요. 스스로 하늘에서 보낸 병사들이라 말하면서요.

"우리는 신비한 주문을 외워서 날아오는 총알도 피할 수 있다!"

그런 말도 서슴지 않았답니다.

의화단 무리는 점점 더 걷잡을 수 없을 만큼 커졌어

요. 그러자 청나라 조정에서는 원세개에게 이 난리를
진정시키라고 명령했어요.

　하지만 의화단은 쫓기면서도 외국인들이 세운 교회
와 외국 철도, 전선 등을 파괴했어요. 가담하는 사람도
점점 늘었어요.

　의화단은 1900년 봄부터 북경(베이징)에 들어가기 시
작했어요. 이들은 청나라를 일으키고 서양 사람들을 쫓
아내자고 외쳤고, 백성들의 호응을 받았어요.

　그러자 서양 여러 나라가 군대를 보내겠다고 나섰어

😀🅙 가담
- - - - - - - - - - - - - - - - - -
같은 편이 되어 도와주는 일
을 말해.

청 말기 정치가 이홍장의 1900년경 모습

25세에 과거에 합격했으며 태평천국의 난을 진압하는 데 큰 공을 세웠다. 양무운동을 주도했고, 의화단 사건을 끝내기 위한 조약에서도 외교 책임자 역할을 했다.

😊공사관

외교관이 다른 나라에서 사무를 볼 수 있는 사무소를 말해.

요. 이에 청나라 조정은 정부군을 더 보내 의화단을 진압하려 했지만 쉽지 않았어요.

이때 서태후는 서양 세력이 광서제를 황제의 자리에 복귀시키려 한다는 정보를 듣게 되었어요. 물론 잘못된 정보였지만 서태후는 정말 그럴지도 모른다고 생각했어요.

'옳지! 의화단을 외국을 내쫓는 데 이용해 볼까?'

마침내 서태후는 의화단을 자기편으로 만들기로 했어요.

서태후까지 한편이 된 의화단은 마음 놓고 북경에 살고 있는 외국인들을 공격했어요. 이때 일본 공사관의 서기관이 죽고, 독일 공사 역시 죽임을 당했어요.

게다가 북경 시내 사람들 사이에 이상한 소문마저 떠돌았어요.

"서양 사람 한 명을 죽인 자에게 은 50냥을 준다!"

그러자 영국과 프랑스, 미국, 이탈리아, 러시아, 일본 등 여러 나라가 400명 남짓한 군대를 북경에 보내려 했어요. 하지만 의화단의 방해로 실패하고 말았지요.

이에 이 나라들은 다시 천진에서 2천 명의 연합군을 만들어 북경으로 보냈어요.

연합군은 포를 쏘며 북경으로 향했어요. 청나라 조정은 연합군에게 선전 포고를 했지요. 그리고 의화단에게 각 나라의 공사관을 공격하도록 명령했어요.

뿐만 아니라 서태후는 이홍장과 장지동 등에게 군사를 이끌고 연합군과 어서 싸우라고 재촉했어요. 하지만 이들은 서태후의 명령을 거부했어요. 원세개도 이번만큼은 서태후를 따르지 않았어요.

의화단은 그에 아랑곳하지 않고 여러 나라 공사관이 모여 있는 공사관 지구를 포위한 뒤 공격을 퍼부었어요. 하지만 공사관 지구는 쉽게 무너지지 않았어요.

그러는 사이 연합군이 북경까지 들어왔어요. 서태후는 광서제와 함께 북경을 탈출할 수 밖에 없었어요.

이때 연합군은 북경을 처참하게 짓밟았어요. 수많은 사람들을 죽이거나 다치게 했어요. 시체가 곳곳에 산더미처럼 쌓였지요.

공사관 지구의 프랑스 우체국 건물
공사관 지구는 천안문의 맞은편 동쪽 거리에 있었다. 이 거리에 있던 옛 프랑스 우체국은 오늘날 식당으로 쓰이고, 옛 벨기에 대사관은 호텔로 쓰이고 있다.

의화단을 진압한 연합군
의화단 운동이 일어나자
청과 영국, 미국, 러시아,
일본 등 여러 나라가 의화단
진압에 참여했다.

그중에서도 특히 자기 나라 공사가 목숨을 잃은 독일 병사들의 횡포가 가장 심했어요.

곧 싸움을 멈추기 위한 회담이 열렸어요. 하지만 여러 나라들이 연합군에 참여하다 보니 의견이 쉽게 합쳐지지 않았어요.

결국 12월이 되어서야 싸움을 멈추고 평화를 지키기 위해 어떻게 조약을 맺어야 할지 의견이 모아졌어요. 그리고 이듬해 9월에 신축 조약을 맺었지요. 이 조약에 따라 청나라는 4억 5천만 냥의 배상금을 지불해야 했어요. 또한 북경과 산해관(산하이관) 사이에 외국 군대가 머물게 해야 했어요. 이를 포함한 12개 조항을 약속하고서야 조약을 맺을 수 있었어요.

청나라는 이렇게 외국과의 싸움에서 지는 바람에 경

신축 조약
의화단 운동을 처리하기 위해 1901년 청나라가 여러 힘센 나라와 맺은 조약이야.

제가 더욱 어려워졌어요. 백성들의 생활은 더욱 처참해졌어요. 나라의 멸망이 가까워지고 있었지요.

 ## 신해혁명과 청 왕조의 종말

"만주족인 청나라 왕조를 무너뜨리고, 국민에게 주권이 있는 공화 정부를 세웁시다."

청일 전쟁이 일어나던 1894년, 나라 밖 하와이에서는 또 다른 혁명의 움직임이 싹트고 있었어요. 일찍부터 해외에 나가 공부했던 손문(쑨원)이 그 중심에 있었어요. 손문은 비밀 혁명 결사인 흥중회를 만들었어요. 화교 상인은 물론, 노동자와 지식인 등 여러 계층의 사람들이 참여했지요.

이듬해 손문은 홍콩으로 몰래 들어와 흥중회를 더 키우고 다시 정비했어요. 그리고 광주(광저우)에서 혁명을 위해 봉기할 계획을 세웠어요. 하지만 계획은 순조롭지 않았어요. 사건이 발각되고 여러 동지들이 붙잡혀 처형당하는 바람에 손문도 다시 일본으로 몸을 숨겨야 했지요.

하지만 1905년 이후 흥중회와 비슷한 목적을 가

혁명 지도자, 손문
1866년 광동(광둥)성의 가난한 집에서 태어나 미국으로 갔다가 홍콩에 와 의학을 공부했다. 마카오 등에서 병원을 열고 혁명 운동을 하다 쫓겨난 뒤 본격적으로 혁명 운동을 펼쳤다.

진 단체들이 여러 곳에서 만들어졌어요. 호남성(후난 성)에서는 화흥회, 상해에서는 광복회라는 이름으로 혁명 단체가 만들어졌지요.

이처럼 저마다 혁명을 준비한 것은 의화단 운동 이후에 청나라 조정이 외국에 심하게 비굴했기 때문이었어요. 백성들은 살기가 더욱 어려워졌고 식민지가 될지 모른다는 위기감을 느꼈어요. 뜻을 모은 이 단체들은 일본에 있던 손문을 중심으로 중국 혁명 동맹회로 합쳐졌어요.

손문은 중국 혁명 동맹회의 첫 회장으로 추대되었어요. 중국 혁명 동맹회는 무력을 동원해 봉기를 일으켜 전국적으로 다 들고 일어나도록 하겠다는 목표를 세웠어요. 그래서 여러 번 무장 봉기를 시도했지만 모두 실패하고 말았어요.

1908년에는 안휘성(안후이 성)의 신군이 봉기를 일으키려다가 주동자가 체포되어 처형되었어요. 1911년에

신군

원세개가 만든 신식 군대야.

도 청나라에 반대하여 광주의 신군이 봉기 계획을 세
웠다가 무기를 구하지 못해 실패했어요.

신군은 원래 청일 전쟁 이후 청나라에서 독일 군대를
본떠 만든 군대였어요. 근대식 무기를 갖추고 체제도
근대적으로 만들었지요. 그런데 신군들 중에는 손문의
혁명 사상을 좋아하고 따르는 사람들이 많았어요. 이들
이 봉기를 일으킨 거예요.

이런 급박한 상황에서 청나라 조정은 1911년, 철도가
나라의 재산이라고 발표했어요. 백성에게 거두는 세금
만으로는 나라 운영이 어려웠기 때문이에요. 철도를 담
보로 열강으로부터 돈을 빌려 심각하게 부족한 나랏돈
을 메우려 한 거예요.

그러자 반대하는 시위가 사천성(쓰촨 성)에서 일어났
고, 정부군은 총을 쏘며 막았어요. 결국 수십 명이 죽고
말았어요.

이 때문에 사천성의 시위는 무장 폭동으로 커졌어요.

사천성의 폭동을 진압하기 위해 정부군 대부분이 사
천으로 이동했어요. 이때를 틈타 10월 10일 무창(우창)
에서 동맹회가 신군과 함께 혁명의 깃발을 들었어요.
그리고 마침내 하루 만에 무창을 점령했어요. 이를 무
창 봉기라고 해요. 신해혁명(110쪽)의 출발을 알리는

신해혁명 전투
혁명군은 청나라를 무너뜨리고
새로운 나라를 세우기 위해
무력을 동원했다.

신호탄이었지요.

　무창을 점령하고 나자 주변의 여러 성들이 이에 호응했고, 덕분에 혁명군은 무한 삼진까지 손에 넣었어요. 무한 삼진은 무창, 한양, 한구(한커우) 세 지역을 가리켜요. 11월 하순에는 14개, 12월 말에는 17개의 성이 독립을 선언하기에 이르렀지요.

　그러자 조바심이 난 청나라 조정은 한때 쫓아냈던 원세개를 다시 불러 혁명군을 진압하라고 명령했어요. 원세개는 한편으로는 무력으로 혁명군을 진압하면서, 다른 한편으로는 잘 달래려 애썼어요. 사실은 청나라에 공화 정부가 수립될 경우, 자신이 대총통의 자리에 오르리라 마음먹고 있었거든요.

그러던 1911년 12월, 미국에 머물고 있던 손문이 상해로 돌아왔어요. 17개 성 대표의 선출에 의해 손문이 임시 대총통 자리에 앉았어요. 1912년 1월 1일에는 중화민국이 선포되었어요. 아시아 최초의 공화 정부가 들어선 거예요.

이때 손문은 새로운 나라를 '삼민주의'에 의해 건설하겠다고 다짐했어요. 삼민주의란 민족주의, 민권주의, 민생주의를 가리켜요.

손문이 말하는 민족주의는 청나라의 지배에서 벗어나 한족이 중심이 되어 외국 세력으로부터 벗어나자는 뜻이었어요. 즉, 민족 독립을 추구했던 거예요.

그리고 민권주의는 모든 권력이 백성으로부터 나온다는 뜻이었어요. 이는 정치적으로 민주 제도를 목표로 하겠다는 뜻이었지요.

민생주의는 경제적인 불평등을 없애겠다는 뜻이었어요. 그러기 위해 토지를 평등하게 나누고자 했어요.

하지만 아직 북쪽에는 원세개가 버티고 있었

🙂**한족**

예로부터 중국 본토에서 살아온, 중국의 중심 종족을 가리켜.

중화민국 임시 대총통의 국새

대총통은 중화민국이 시작된 1912년부터 1927년까지 국가를 이끌던 우두머리를 가리키는 말이다. 이후 '총통'으로 바뀌었다.

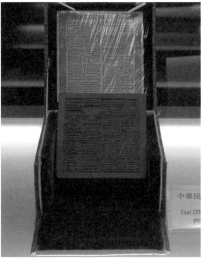

고 청나라 조정도 여전히 살아 있었어요. 손문과 혁명군은 이들과 강화 회담을 벌여 나갔어요. 이때 손문은 원세개에게 제안을 했어요.

"남북을 아우르는 공화국 정부를 세우기 위해서 대총통의 자리를 당신에게 양보할 수도 있습니다!"

그러자 원세개는 청나라 조정으로 달려가 여러 신하들의 이름으로 황제에게 글을 올렸어요.

"황제께서는 하루빨리 공화제로 정치 체제를 바꾸시겠다고 결단을 내려 주십시오."

결국 어린 황제인 선통제를 대신해 황태후가 황제가 자리에서 물러난다는 결정을 내렸어요. 태후는 일곱 살

황태후

앞선 황제의 정식 아내이며 현 황제의 어머니뻘 되는 여자를 일컫는 칭호야.

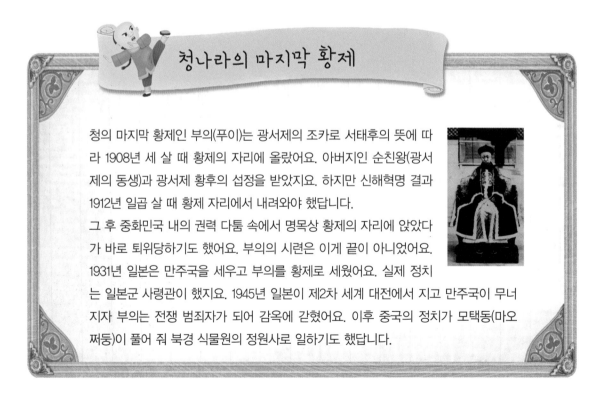

청나라의 마지막 황제

청의 마지막 황제인 부의(푸이)는 광서제의 조카로 서태후의 뜻에 따라 1908년 세 살 때 황제의 자리에 올랐어요. 아버지인 순친왕(광서제의 동생)과 광서제 황후의 섭정을 받았지요. 하지만 신해혁명 결과 1912년 일곱 살 때 황제 자리에서 내려와야 했답니다.
그 후 중화민국 내의 권력 다툼 속에서 명목상 황제의 자리에 앉았다가 바로 퇴위당하기도 했어요. 부의의 시련은 이게 끝이 아니었어요. 1931년 일본은 만주국을 세우고 부의를 황제로 세웠어요. 실제 정치는 일본군 사령관이 했지요. 1945년 일본이 제2차 세계 대전에서 지고 만주국이 무너지자 부의는 전쟁 범죄자가 되어 감옥에 갇혔어요. 이후 중국의 정치가 모택동(마오쩌둥)이 풀어 줘 북경 식물원의 정원사로 일하기도 했답니다.

밖에 되지 않은 황제와 수많은 신하들이 지켜보는 가
운데, 눈물을 흘리며 퇴위 조서를 읽었지요. 그럼으로
써 청나라는 약 300년 만에 역사 속으로 사라졌어요.

청나라가
왜 멸망했을까
생각해 보자.

폭풍 속 청의 상징, 서태후

서태후는 요동치는 청 말기의 역사 속에서 막강한
영향력을 끼친 여성 정치가였어요. 이렇게 강해 보이는
서태후이지만 어렸을 때는 몹시 가난했어요. 가난에서 벗어나고자
궁녀가 되었고, 마침내 황제의 후궁까지 된 거예요. 하지만
백성을 돌보기보다는 자신이 가난했던 한을 풀려는 듯 먹을 것과 입을 것,
사는 곳에 집착했다는 점이 많은 사람의 아쉬움을 자아내요.

옷과 장식

서태후는 옷이 3천여 상자나 되어서 하루에도
여러 번 옷을 갈아입었다고 해요. 머리를
보석으로 장식하고 옷에도 보석을
주렁주렁 달아 입었다고 해요.

음식

서태후는 한 끼에 128가지 음식을
먹었어요. 서태후가 먹은 한 끼만
해도 당시 청나라 농민이 1년 동안
먹을 음식 비용이 들었다고 해요.

궁궐

이화원은 원래 건륭제 때 청의원이라는 이름으로 지어진
별궁이었어요. 아편 전쟁 때 파괴되었지요.
이것을 서태후가 1888년 다시 세우고 자신이 직접 지냈어요.
청나라 해군의 군자금을 빼돌려 지었다는 소문이 있지요.
이화원 안에는 수많은 건물과 탑, 다리가 있어요.
그 앞에는 어마어마하게 넓은 호수가 있고요.
그 드넓은 호수를 사람이 파내 만들었다고 해요.

5장 조선의 시련과 일본 제국주의

한양

동학군의 활동
동학군의 활동 지역 ●

우금치 전투 패전
(1894년 11월)

우금치

전주

고부 봉기
(1894년 1월)

황토현 전투 승리
(1894년 4월)

정읍

순창

전봉준 체포
(1894년 12월)

새야 새야 파랑새야, 녹두밭에 앉지 마라. 아버지가 보고 싶을 때

나는 이 노래를 불러. 우리 아버지는 동학군을 따라가셨는데 아직

돌아오지 않고 계시거든. 탐관오리를 물리치고 왜병들도 혼내 주고 오겠다고

하셨는데……. 옆집 돌석이네 아버지는 왜놈들 총에 맞아 이 세상을 떠나셨대.

그래도 우리 아버지는 꼭 돌아오실 거야. 내가 이렇게 기다리고 있으니까.

동학 농민 운동

1873년 흥선 대원군이 자리에서 물러나고 고종이 직접 나라를 이끌게 되었어요. 그런데, 몇 년 지나지 않아 일본이 운요 호를 끌고 와 조선의 문을 열라고 요구했어요.(1875년) 고종은 나라를 열고 통상을 해야 한다는 의견에 따라 이듬해에 강화도 조약을 맺었지요.

고종은 새로운 문물을 받아들여 나라를 발전시키려 했어요. 그 과정에서 임오군란(1882년), 그리고 갑신정변(1884년)이 휩쓸고 지나갔어요.

이때 농민들의 생활은 말이 아니었어요. 농민들은 일본 상인들이 세금도 물지 않고 값싼 농산물을 들여와 파는 바람에 피해가 컸어요. 특히 모시나 베, 무명 등이 일본에서 들어왔는데 값이 워낙 싸다 보니 그걸 사고 아무도 조선 농민들의 물건을 사려고 하지 않았어요. 반대로 일본은 조선의 쌀과 콩을 닥치는 대로 사서 일본으로 싣고 갔어요. 그 바람에 쌀값이 엄청나게 올라 지주들은 더 많은 논밭을 가지려고 극성을 부렸어요. 점차 논밭을 뺏기는 농민들이 늘어나게 되었지요.

더구나 개항에 따른 비용 때문에 나라 재정은 가난해져 갔어요. 백성들이 내야 할 세금도 점점 늘어났지요.

임오군란

구식 군대의 군인들이 신식 군대에 비해 차별당하자 항의하며 일으킨 반란이야.

갑신정변

김옥균을 비롯해 서양의 새로운 문물을 받아들이고 나라의 제도까지 신식으로 바꾸자고 생각하던 사람들이 일으킨 난리란다.

그토록 나라가 혼란스러운데도 관리들은 제 욕심을 채우기에 바빴어요. 없는 세금을 만들어 강제로 농민들에게 덮어씌우는 관리들이 늘어났고 백성들은 겨우 농사지은 쌀 몇 가마니, 돈 몇 푼마저도 세금으로 빼앗겨야 했어요. 조정에서는 이런 일들에 손을 쓸 기운이 없었어요. 제 욕심 차리기에만 급급한 대신들이 저마다 일본과 청나라, 러시아를 등에 업고 권력을 쥐어 보려고 안달이었으니까요.

더구나 흉년이 계속되어 백성들이 굶주리는 날이 늘어 갔어요. 이때 백성들의 마음을 사로잡은 것이 있었어요. 바로 동학이었어요.

"사람이 곧 하늘이니 마땅히 사람을 하늘처럼 대해야 하느니라!"

이 세상에서 가장 귀중하고 소중한 것은 금도, 은도 아닌 바로 사람이라는 것이었어요. 백성들은 이 말에 솔깃했어요. 많은 사람들이 동학의 가르침을 배우고자 동학 교주를 따라 나섰어요.

그러던 1892년경, 전라도 고부 지방에서는 탐관오리 조병갑이 백성들의 원성을 사고 있었어요. 조병갑은 백

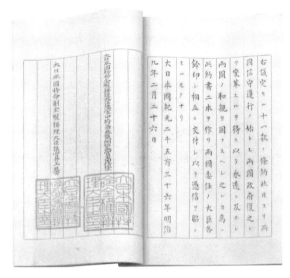

불평등한 근대 조약, 강화도 조약
1876년 조선과 일본이 맺은 조약이다. 이 조약 때문에 조선은 일본에 억지로 문을 열어야 했고, 일본의 해양 측량권을 인정해야 했다. 또한 범죄를 저지른 일본인을 처벌할 수 없게 되었다.

😐 고부

전라북도 정읍의 옛날 이름이야.

**탐관오리의 만행을 보여
주는 만석보가 있던 곳**
만석보는 전북 정읍에 있던
저수지로 조병갑이 백성을
동원해 만들고 세금을 거뒀다.
이는 동학 농민 운동을
발생시킨 계기가 되었다.

👦 **관아**

벼슬아치들이 모여 나랏일을
하던 곳이야.

성들에게 없는 죄를 뒤집어씌워 재산을 빼
앗고, 나중에는 자기 아버지의 공덕비를
세우는 데도 돈을 걸었어요. 농민들에게
대가도 주지 않은 채 부려 먹기도 했어요.

그뿐 아니었어요. 저수지를 파면 마음껏
물을 쓸 수 있게 해 준다고 말해 놓고 정작
저수지 만석보가 완성되자, 약속을 어기고 물 세금을
거둬들였어요.

1894년 초 분노한 농민들은 동학 접주 전봉준을 앞
세워 고부 관아로 쳐들어갔어요.

"탐관오리 조병갑을 쳐부수자!"

성난 농민들은 순식간에 관아를 습격해 관리들을 잡
아 옥에 가두고 억울하게 잡혀 있는 죄수들을 풀어 주

었어요. 조병갑이 부당하게 세금으로 거두어들인 곡식
도 원래의 주인에게 되돌려 주었지요. 그러고 나서 만
석보를 터뜨려 버렸어요.

"만세! 농민군 만세! 전봉준 만세!"

조정에서는 조병갑의 벼슬을 빼앗고 사태를 수습하
는 듯했지만 나중에는 동학교도들을 잡아들였어요. 하
는 수 없이 전봉준은 다시 농민들과 함께 일어났어요.
조정에서는 전라 병사 홍계훈을 초토사로 임명하여 전
라도로 급히 보냈어요. 하지만
홍계훈은 싸움도 하기 전에
맥이 빠져 버리고 말았어요.

병사

병마절도사를 가리키는 말로
조선 시대에 각 지방의 병사
와 말을 이끌던 무관이란다.

초토사

조선 시대에 반란을 억누르
기 위해 나라에서 보내던 임
시 관리를 말해.

전봉준이 살던 집
고부에서 태어난 전봉준은 집이 가난해 농사를 지으며 훈장으로 아이들을 가르치기도 했다. 이후 동학 농민 운동을 이끌며 덩치가 작아서 녹두 장군이라 불렸다.

👦 **황토현**

전라북도 정읍에 있는 얕은 고개야.

많은 병사들이 겁을 먹고 달아났기 때문이에요. 그러는 사이 동학군은 부안의 관아를 점령하고 전주에서 출동한 관군과 황토현에서 맞붙어 승리를 거두었어요.

전봉준은 농민군을 이끌고 전주성까지 점령했어요. 곧 한양으로 들이닥칠 기세였지요.

조정에서는 농민군을 막기 위해 청나라에 지원군을 요청했어요. 그런데 이 소식을 들은 일본군이 한발 먼저 조선에 군대를 보냈어요. 자칫 조선 땅에 남의 나라 군사들이 넘칠 판이었어요.

이 소식을 들은 전봉준은 눈앞이 캄캄했어요.

"허허, 통탄할 일이로다. 우리는 농민을 구하고 나라를 바로잡기 위해 일어섰거늘, 어찌 조정은 남의 나라 군사까지 끌어들인단 말인가!"

전봉준은 동학군을 해산하기로 했어요. 외국의 군사들에게 나라를 내줄 수는 없다고 생각했던 거예요.

결국 농민군은 전주성을 점령한 지 열흘 만에 전주성 문을 스스로 열고 나와 각자 고향으로 돌아갔어요.

하지만 그런 뒤에도 청나라와 일본 군대는 돌아가지

않고, 조선 땅에서 크게 싸웠어요.(청일 전쟁) 이 싸움에서 이긴 일본은 조선의 일을 제 나랏일처럼 참견하고 간섭하기 시작했어요.

결국 동학 농민들을 이끌고 새로운 세상을 만들어 보자고 일어섰다가 일본군의 방해로 해산했던 농민군은 다시 전봉준을 중심으로 뭉쳐 일어났어요.

1894년 가을, 농민군은 삼례에서 다시 모여 북쪽 손병희의 농민군과 힘을 합쳤어요.

"왜놈들을 이 땅에서 물리치고 조선을 되찾자!"

농민군의 기세는 하늘을 찔렀어요. 마침내 동학군은 정부군과 힘을 합친 일본군과 공주의 우금치 고개에서 마주쳤어요. 무려 6~7일간 쉴 틈 없이 치열한 전투가 벌어졌지요. 하지만 동학군은 우수한 근대식 무기를 갖춘 일본군의 공격에 지고 말았어요.

손병희

항일 독립운동가로 1882년 동학을 믿기 시작하여 1887년 동학의 3대 대도주가 되었어. 1906년 동학을 천도교라 바꿔 부르기 시작했지.

우금치 고개

충남 공주의 남쪽을 지키는 문 역할을 한 고개야.

외교권을 강탈당하다

1895년 청일 전쟁에서 승리한 일본은 조선에서 제멋대로 횡포를 부렸어요. 일본이 아닌 다른 나라의 힘을 빌리려는 명성 황후를 잔인하게 시해하기까지 했지

시해

부모나 임금을 죽이는 일을 말해.

재판받기 위해 이동하는 전봉준
1894년 순창에서 체포된 전봉준은 한양의 일본 영사관에서 헌병의 심문을 받았다. 이후 조선 법무아문 (법무부)으로 옮겨져 재판을 받은 결과 사형을 당했다.

😊 **연호**

해의 차례를 나타내기 위해 붙이는 이름이야.

요.(을미사변) 이에 고종은 위기감을 느껴 러시아 공사관으로 피했어요. 이 사건을 아관파천이라 해요.

고종은 아관파천이 벌어진 지 약 1년 뒤인 1897년 2월 25일, 경운궁(덕수궁)으로 돌아왔어요. 이후 고종은 연호를 광무로 고치고 자신을 황제로 부르게 했어요. 나라 이름도 조선에서 '대한 제국'으로 바꾸고, 독립 국가의 모양새를 갖추었지요. 외세로부터 벗어나 자주 독립을 이루기 위한 개혁이었어요.

그러나 이제는 일본이 아닌 러시아의 간섭이 심해졌어요. 러시아 공사는 사사건건 대한 제국의 일에 참견했어요. 그러면서 대한 제국에서 여러 가지 이권을 얻으려 했어요. 심지어 러시아는 압록강 상류의 나무를 마음대로 베어 갈 수 있는 권리를 챙겨 가려 애썼어요.

일본은 러시아의 이런 태도가 못마땅했어요. 두 나라는 전쟁을 피할 수 없었지요. 1904년 일어난 러일 전쟁은 1905년 일본의 승리로 끝났고, 일본은 대한 제국에 대한 지배권을 외국에 인정받았어요.

　이후부터 일본은 더욱 노골적으로 대한 제국 일에 간섭하기 시작했어요. 대한 제국 정부 내에 일본인 고문을 두어 그들이 대한 제국의 정책을 마음대로 휘젓게 했어요.

　그런데 대한 제국 사람 중에 일본의 이러한 정책을 적극적으로 찬성하는 사람들이 있었어요.

　"동양의 평화를 위해 대한 제국은 일본의 보호를 받아야 하오."

　"그렇소. 대한 제국 국민의 생명과 재산을 보호하고 독립을 확실히 보장을 받기 위해서는 일본과 긴밀한 관계를 맺지 않으면 안 됩니다."

고문

어떤 분야를 잘 알아서 물음에 대답하여 좋은 방안을 제시하는 일을 하는 사람이야.

만주와 한국 지배권을 갖기 위한 싸움, 러일 전쟁
1904년 여순 앞바다에서 일본이 먼저 러시아를 공격하여 시작되었다. 일본은 영국과 미국의 도움으로 1905년 전쟁에서 승리했다.

조선 침략에 앞장선 이토 히로부미
1841년 일본 조슈번에서 농민의 아들로 태어났다. 요시다 쇼인의 제자로 공부했으며 유학 후 정치인이 되어 조선을 침략하는 데 앞장섰다.

특사

특별한 임무를 가지고 외국에 파견되는 사람을 말해.

이들은 일진회 사람들이었어요.

일진회는 송병준과 이용구와 같은 사람들이 만든 단체였어요. 이들은 이미 러일 전쟁 때부터 일본군에게 물자를 주며 돕는 등 일본에 유리하게 행동했지요. 일본은 일진회의 운영 자금을 대 주었고요.

그러던 1905년 10월에는 "대한 제국의 대신들은 일본 공사 하야시가 시키는 대로 하루빨리 보호 조약을 맺어야 합니다."라는 선언까지 했어요.

그리고 그해 11월, 이토 히로부미가 특사 자격으로 대한 제국에 건너왔어요. 이토가 가지고 온 일본 왕의 편지에는 일진회가 떠들었던 내용과 비슷한 내용이 담겨 있었어요. 대한 제국이 일본의 보호국이 되어야 한다는 등, 일본에 무조건 협조해야 한다는 등의 내용들이었지요.

이토는 일본군이 궁궐을 포위하도록 한 뒤, 고종 황제를 찾아가 협상 조약문을 내밀고 도장을 찍으라고 강요했어요.

"폐하, 지금 이 조약에 서명하셔야 합니다. 그렇지 않으면 내일 당장이라도 무슨 일이 일어날지 아무도 모릅니다."

이토의 강요에 고종 황제는 고개를 저었어요.

그러자 이토는 어느 이른 아침, 여덟 명의 대신들을 궁궐 별채인 중명전으로 불러 모았어요.

"황제가 움직이지 않으니 대신들이 결정하시오."

몇몇 대신들은 고종 황제처럼 반대했어요. 하지만 찬성하는 사람도 있었어요.

"나는 찬성할 것이오. 어차피 하게 될 걸 미루어서 무얼 하겠소?"

이완용과 이근택, 이지용, 그리고 박제순과 권중현이었지요.

이토는 그 다섯 명의 대신이 서명한 문서를 가지고 황제에게 가져갔어요. 그 문서에는 일본이 대한 제국의 외교권을 가지며 일본의 허락 없이는 대한 제국이 외국과 조약을 맺을 수 없다는 내용 등 다섯 가지 내용이 있었어요.

이 조약이 '을사조약'이에요. 이 부당한 조약에

😮 중명전

1901년 황실 도서관으로 한양에 지어진 근대식 건축물이야. 1904년 덕수궁이 불탔을 때 고종은 이곳에서 업무를 보고 외국 사절을 만났어.

절대 서명할 수 없소!

**일본에 나라를 넘긴
을사오적**
을사조약 체결에 가담한
매국노를 이르는 말이다.
위로부터 시계 방향으로
이지용, 이완용, 이근택,
권중현, 박제순이다.

찬성한 다섯 명의 대신을 을사오적이라 불러요.

이튿날 소식이 전해지자 백성들은 분노하며 치를 떨었어요. 상점은 문을 닫았고, 학생들은 학교에 가지 않았어요. 온 나라 사람들이 달려 나와 시위를 벌이며 일본의 침략을 비난했어요.

"이 조약은 무효다! 일본은 섬나라로 돌아가라!"

"나라를 팔아먹은 을사오적을 처단하라!"

이어 이상설이 을사오적의 목을 베라는 상소를 고종 황제에게 보냈고, 장지연은 〈황성신문〉에 글을 실어 통곡했어요.

저 개와 돼지만도 못한 대신들이 나라를 팔았구나. 이제 5백 년 종사가 남의 나라 손에 넘어가고 2천만 동포는 노예가 되었도다. 아아, 분하다. 우리 동포가 살 것이냐, 죽을 것이냐? 단군 이래 4천 년 이어져 온 국민정신이 하룻밤 사이에 멸하였구나. 원통하다, 동포여!

'오늘 밤 소리내어 크게 통곡한다.'는 뜻의 '시일야방성대곡'이라는 제목으로 나온 글을 읽은 사람들은 함께 통곡했고, 분노했어요. 민영환은 스스로 목숨을 끊었고, 곧 의병이 일어났어요.

고종 황제도 여러 모로 대한 제국의 자주권을 찾기 위해 애썼어요. 고종 황제는 평리원의 검사 이준과 전 의정부(조선 시대 행정부의 최고 기관) 관리였던 이상설을 몰래 불러들여 헤이그에 보내기로 했어요.

시일야방성대곡이 실렸던 〈황성신문〉
국민 계몽과 외세에 대한 항쟁을 목표로 1898년 창간된 일간 신문이다. 하지만 1910년 8월 강제 폐간되었다.

"곧 네덜란드의 헤이그란 곳에서 세계의 모든 대표들이 모이는 만국 평화 회의(130쪽)가 열린다고 하오. 그곳에 두 사람이 달려가 우리의 사정과 일본의 침략 사실을 알려 주길 바라오."

그리고 고종 황제는 비밀리에 신임장과 여행비를 마련해 주었지요.

이상설과 이준은 만주를 거쳐 러시아의 페테르스부르크에 도착했어요. 그리고 그곳에서 러시아 공사의 외교관이었던 이위종과 만나 함께 네덜란드로 달려갔어요. 하지만 대한 제국이 외교권이 없다는 이유로 회담에 참석할 수가 없었어요. 을사조약 때문이었어요.

이를 헤이그 특사 사건이라고 해요.

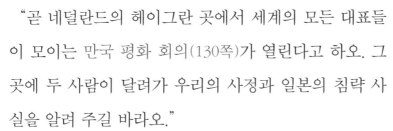

평리원
대한 제국 때 재판을 맡아 하던 관청이야.

신임장
어떤 사람을 외국에 파견하는 목적과 그의 신분을 외국에 알리는 문서를 말해.

이 일을 안 이토와 일본 정부는 고종 황제에게 항의했어요.

"황제께서는 조약을 어겼소. 그러니 우리 일본도 믿을 수 없는 황제 대신에 다른 사람을 황제로 내세울 것이오. 어서 황태자(훗날 순종)에게 황제의 자리를 물려주고 뒤로 물러나 앉으시오."

이토는 일본 군대를 궁궐 안팎에 세워 두고 고종 황제를 방에 가두었어요. 여기에 더하여 을사조약에 찬성했던 이완용과 이지용, 송병준 같은 친일파까지 나서서 황제 자리에서 내려오라고 요구했어요.

결국 고종 황제는 물러날 수 밖에 없었어요.

한국의 독립을 알리려 찾아간 만국 평화 회의
세계 평화를 위해 러시아 니콜라이 2세의 주도로 열린 국제 회담이다. 1899년 26개국이, 1907년에는 44개국이 모였다.

안중근 의거와 한일 병합

헤이그 특사 사건으로 고종 황제를 물러나게 한 일본은 대한 제국의 군대를 해산시켰어요. 그러자 전국에서 의병 전쟁이 일어났어요. 일본군은 이들을 잔인하게 진압했어요.

"이 통탄할 일들을 이토 히로부미가 주도했습니다. 이토를 처단하겠습니다."

안중근이 동지들에게 말했어요.

1909년 9월 이토 히로부미가 만주 철도를 놓는 문제에 대해 러시아와 협상하기 위해 하얼빈에 온다는 소식을 들은 직후였어요.

그 무렵 안중근은 두만강 일대의 일본군 수비대를 공격하고 블라디보스토크에서 열한 명의 동지와 '단지 동맹'을 만드는 등 항일 운동을 있는 힘껏 벌이고 있었어요.

안중근은 이토가 10월 26일 오전 9시에 하얼빈 역에 도착한다는 소식에 두 명의 동지들과 함께 계획을 짰어요.

"동지들, 두 동지는 채가구 역에서 머물러 있다가 만약에 이토가 채가구 역에 내린다면 그때 먼

단지

결심을 다지고 표현하기 위해 손가락을 자르는 일이야.

한말의 독립운동가 안중근

1879년 황해도에서 개화사상을 받아들인 선비의 아들로 태어났다. 항일을 위해 국내에 돈의학교 등을 세우며 교육 활동을 하다 러시아 연해주로 가서 본격적으로 항일 의병 활동을 시작했다.

하얼빈 역 플랫폼
중국은 하얼빈 역에서
안중근이 이토를 저격한
지점과 이토가 서 있던 지점을
표시해 기념하고 있다.
하얼빈은 오늘날 중국
땅이지만 당시에는 러시아가
관리하고 있었다.

😊 **플랫폼**

역에서 기차를 타고 내리는
곳을 말해.

저 1차로 저격하시오. 실패하면 내가 하얼빈 역에서 기다리고 있다가 2차로 저격하겠소."

　1909년 10월 26일 아침 7시, 안중근은 하얼빈 역으로 달려갔어요.

　'조국의 적 이토야, 오늘 내가 반드시 너를 없애고 조국에 작은 보탬이 되리라.'

　아침 9시, 하얼빈 역에서 이토를 환영하기 위해 기다리고 있던 사람들이 술렁거렸어요. 곧 열차가 도착한다는 안내 방송이 울렸고 얼마 지나지 않아 열차가 플랫폼 안으로 들어서기 시작했어요.

　이토는 러시아 재무 대신 코코프체프와 열차에서 회담을 마쳤어요. 이후 이토는 열차에서 내려 러시아 장교단과 인사를 한 다음 자신을 환영하는 군중 쪽으로 움직였어요.

　안중근은 재빨리 권총을 꺼냈어요. 그리고 이토 히로부미의 가슴과 머리를 향해 세 발을 쏘았어요.

　"탕, 탕, 타앙!"

　총소리가 하얼빈 역에 울려 퍼졌어요. 총을 맞은 이토 히로부미는 그 자리에서 쓰러졌지요.

　하지만 이토의 얼굴을 정확히 몰랐던 안중근은 권총

에 남아 있던 세 발을 이토를 뒤따르던 일본인들에게 더 쏘았어요.

그리고 안중근은 러시아 말로 외쳤어요.

"코레아 우라! 코레아 우라!"

그것은 '대한 만세'라는 뜻이었어요.

안중근은 하얼빈 역에 있는 러시아 헌병 파출소로 끌려갔다가 그날 오후에 일본 영사관으로 넘겨졌어요. 안중근은 여순에서 온 일본인 검찰관 미조부치의 조사를 받았어요.

"왜 이토 히로부미를 죽였소?"

"그 전에 알고 싶은 것이 있소. 이토는 틀림없이 죽은 것이오?"

"틀림없이 죽었소. 이제 내 질문에 대답하시오. 왜 이

😊 영사관

외교 기관으로 외국에 있는 자기 나라 국민을 보호하고 무역 이익을 내기 위해 일하는 기관이야.

**안중근이 갇혔던
여순 감옥**
안중근은 여순 감옥에서 사형당하기 전까지 자신의 일대기를 담은 《안응칠 역사》와 《동양평화론》을 집필했다.

토를 죽였소?"

"내가 이토를 죽인 이유는 이토가 열다섯 가지 죄를 지었기 때문이오. 첫째는 대한 제국의 명성 황후를 죽인 죄요, 둘째는 고종 황제를 강제로 물러나게 한 죄요. ……넷째는 죄 없는 한국인을 무수히 죽인 죄이며, 다섯째는 대한 제국의 정권을 강제로 빼앗아 통감 정치 체제로 바꾼 죄이고, ……열네 번째, 대륙을 침략하여 동양의 평화를 깨뜨린 죄이며, 열다섯 번째 죄는 일본 천황의 아버지를 죽인 죄요. 그러니 어찌 그자를 죽이지 않을 수 있겠소?"

이렇게 시작된 일본 검찰관의 조사는 이듬해 1월 26일까지 모두 열한 번씩이나 반복되었지요.

그런 뒤 재판이 열렸어요.

먼저 미조부치가 왜 이토 히로부미를 죽였는지 또 물었어요.

"내가 이토를 죽인 것은 나 한 사람의 원한 때문이 아니오. 대한 제국의 독립과 나아가서 동양의 평화를 위한 사명이기 때문이었소. 내가 이토 히로부미를 죽인 것은 한국 독립 전쟁의 한 부분이요, 또 내가 일본 법정에 서게 된 것도 전쟁에 패배하여 포로가 되었기 때문이오. 그러니 나를 만국 공법을 근거로 처리해 주시오. 나는 전쟁 포로일 뿐이지 범죄자가 아님을 명심하시오.”

😐 **만국 공법**

예전에 국제법을 가리키던 말이야.

안중근은 변론할 시간이 많지 않았지만, 이야기를 할 기회가 있을 때마다 또박또박 대답했어요.

1910년 2월 14일, 마지막 공판이 열렸어요.

“피고 안중근을 사형에 처한다.”

안중근은 죽음을 각오한 듯 항소를 포기하고, 대신 두 동생에게 유언을 남겼어요.

내가 죽은 뒤에 나의 뼈를 하얼빈 공원 곁에 묻어 두었다가 우리가 독립이 되거든 고국으로 옮겨 다오. 나는 천국에 가서도 마땅히 우리나라의 독립을 위해 힘을 다할 것이다. 너희는 돌아가 동포들에게 각각 책임을 지고 백성된 도리를 다하라 이르라. 마음을 같이하고 힘을 합하여 공을 세우고 업적을 이루도록 힘쓰라. 곧 대한 독립의 소리가 들려오면, 나는 마땅히 춤을 추며 만세를 부르리라.

안중근의 재판을 맡은 관동 도독부는 1910년 3월 26일 오전 10시에 안중근을 교수형에 처했어요. 이때 안중근의 나이 서른두 살이었어요.

이토의 암살에 충격을 받은 일본은 데라우치(143쪽)를 새 통감(통감부의 장관)으로 임명하고 한일 병합을 서둘렀어요. 데라우치는 이완용을 비롯한 친일파를 앞세워 1910년 8월, 강제로 한일 병합에 찬성하는 대한 제국 황제의 도장을 받아냈어요.

일본, 한국과 만주를 탐내다

천황이 메이지 유신을 추진하면서 가장 신경을 곤두세웠던 것 중 하나가 하급 무사들의 칼을 거두어들이는 일이었어요. 왜냐하면 이들이 이전처럼 평민들을 함부로 위협하고 지배하지 못하게 하기 위해서였어요. 하지만 이것도 큰 문제였어요. 무사들에게 칼을 뺏는다는 것은 그들의 일자리를 없애 버리는 것과 같았으니까요.

    그 때문에 하급 무사들과 이들을 편들고 지켜 주던
파벌들의 불만이 커졌어요. 그러자 몇몇 사람이 이 문
제를 해결하기 위해 조선을 침략하자고 의견을 내놓았
어요. 이를 정한론이라고 해요. 특히 사이고라는 사람
은 앞장서서 "조선이 일본에 대해 무례한 행동을 하였
으므로 잘못을 깨닫도록 벌을 주어야 한다."고 떠벌리
고 다니기도 했지요.
    정한론이 받아들여지진 않았어요. 하지만 일본은 조
선을 침략하려 끊임없이 시도했어요.
    1875년 여름에는 운요 호를 보내 조선의 영종도를

😀 파벌

어떤 목적과 이익을 따라 모
인 무리를 말해.

약탈한 뒤, 이듬해 사실상 무력으로 강화도 조약을 맺었어요. 여기에는 조선이 일본에 항구 두 개를 더 열고 일본인이 조선에서 죄를 지을 경우 조선이 아닌 일본이 알아서 한다는 내용이 담겨 있었어요. 이 조약은 조선이 다른 나라와 맺은 최초의 근대 조약이긴 했지만 일본에만 유리했어요. 불평등한 조약이었지요.

술수

어떤 일을 꾸미는 꾀나 방법을 말해.

이후 일본은 조선에서 더 많은 이득을 얻기 위해 계속 술수를 썼어요. 일본을 빨리 근대화하려면 원료와 값싼 노동력이 많이 필요했기 때문이에요. 그리고 자기네가 만든 물건을 팔 시장도 더 필요했지요. 하지만 조선은 여전히 청나라의 보호를 받고 있어서 활동 폭이 넓지 않았어요.

그러던 1894년, 조선에서 동학 농민 운동이 일어났어요. 이때 조선 조정은 농민군을 진압하기 위해서 청나라에 군대를 보내 달라고 했어요. 이 소식을 들은 일본도 군대를 보내기로 했어요. 이를 계기로 일본과 청나라 사이에 전쟁이 벌어졌어요. 뜻밖에도 일본이 승리했지요.

청일 전쟁에서 이긴 일본은 조선에서 막강한 힘을 휘두를 수 있게 되었어요. 이 기회에 중국과 러시아가 있는 대륙까지 들어가겠다는 속셈도 있었지요. 실제로 청일 전쟁에서 승리한 덕에 청나라 땅이었던 요동 반도까지 차지할 수 있었어요.

하지만 일본이 대륙으로 나아가는 걸 꺼림칙해하던 프랑스와 독일, 러시아의 간섭(삼국 간섭)으로 일본은 요동 반도를 되돌려 줄 수밖에 없었어요. 조선 내에서의 주도권도 러시아에게 빼앗기고 말았어요. 삼국 간섭 이후, 조선의 명성 황후가 러시아와 친해졌기 때문이에요. 그뿐만이 아니었어요.

명성 황후가 시해된 건청궁
건청궁은 1884년부터 고종이 머물던 곳으로 1887년에는 우리나라 최초로 전기가 들어오기도 했다. 하지만 이곳에서 1895년 일본이 명성 황후를 시해했다.

"러시아가 조선을 돕는 대가로 조선이 러시아에 항구 하나를 빌려 준다고 합니다."

이 사실을 안 일본 조정은 매우 급박해졌어요.

"명성 황후가 있는 한 일본은 조선을 마음대로 움직일 수 없을 것 같소. 황후를 없애야 하오!"

마침내 일본 공사 미우라가 일본인 자객 오카모토를 시켜 명성 황후를 시해했어요. 황후의 시신은 석유를 뿌려 불살라 버렸지요. 이 사건을 을미사변이라 해요. 이후 일본은 조선 조정에 일본과 친한 사람들을 관리로 세우고, 강제로 단발령을 실시하는 등 조선의 제도

단발령
1895년, 상투를 없애고 머리카락을 짧게 자르게 한 명령이야.

를 바꿔 나갔어요.

그러던 중 1900년에 청나라에서 의화단 운동이 일어났어요. 청나라 조정의 서태후는 이들을 이용해 외국의 세력들을 물리치려 했지요. 그 때문에 청나라에 머물던 서양 사람은 물론 일본 사람도 의화단원들에게 테러를 당했어요. 영국과 프랑스, 독일, 러시아 등을 비롯한 8개국에서 군대를 보내 의화단을 진압하고 나서야 사태가 해결되었지요.

그런데 유독 러시아만큼은 사태가 해결된 뒤에도 군대를 그대로 두고 버텼어요.

일본은 해상 군사 훈련까지 하는 러시아의 태도에 깜짝 놀랐어요. 마침 러시아가 한국에서 세력을 키우는 것을 매우 걱정하던 영국과 동맹을 맺기에 이르렀지요. 1902년에 맺어진 이 동맹을 영일 동맹이라 해요.

이 동맹을 통해 다른 나라들이 러시아에 강력하게 항의하자 러시아는 일부 군사를 물러나게 했어요. 하지만 곧 압록강 쪽에 다시 모이게 했지요. 그리고 한국 땅 평안북도에 있는 용암포에 병영을 만들었어요. 러시아는 한국에 용암포를 한동안 사용하게 해달라고 억지를 부렸지요.

병영

군대가 모여 지내는 집을 가리키는 말이야.

러일 회담을 주도한 시어도어 루스벨트
미국 역사상 최연소 대통령으로 1901년부터 1907년까지 일했다. 러일 전쟁 등 국제 분쟁 중재자로서 노력하여 노벨 평화상을 받았다.

일본은 군사력을 크게 키우고 마침내 1904년 2월 8일 밤 늦은 시각 여순에서 러시아 함대를 기습하여 군함 두 척을 침몰시킨 뒤, 10일에야 선전 포고를 했어요. 한국과 만주 일대를 차지하기 위해서였지요.

시간이 지날수록 전쟁은 일본에 유리해졌어요. 러시아에서 혁명이 일어나는 바람에 러시아 정부가 전쟁에 몰두할 수가 없었거든요.

이즈음 미국의 루스벨트 대통령이 러시아에 전쟁을 멈추자고 제안하자 러시아가 이를 받아들였어요. 일본과 러시아는 1905년 미국의 포츠머스에서 강화 회담을 했어요. 이때 포츠머스 조약을 맺었어요. 러시아는 사할린 남반부를 일본에 넘기기로 약속했지요. 또한 한국에서 일본이 우선권을 갖는다고 인정했어요.

☺ 사할린
러시아 동부 오호츠크 해에 있는 섬이야.

우리 땅을 침략한 일본

러일 전쟁에서 이긴 일본은 청나라에 이어 러시아까지 몰아내고 한반도에서 활개를 쳤어요. 하지만 일본 사람들은 나라의 힘을 다 쓰고 수많은 병사들이 죽은 데 비해 결과가 너무나 초라하다고 생각했어요. 더구나

고종이 보낸 헤이그 밀사
이상설, 이준, 이위종은 1907년 고종의 명으로 만국 평화 회의에서 대한 제국이 독립국임을 알릴 임무를 수행하기 위해 네덜란드 헤이그에 갔다.

여론
사회를 이루는 수많은 사람들의 공통된 의견을 말해.

러일 전쟁 즈음 일본은 물가가 치솟고 엎친 데 덮친 격으로 흉년까지 닥쳤어요. 일본의 수많은 시민들이 시위를 벌였고 그중 몇은 폭력을 휘두르기도 했어요.

하지만 일본 정부는 이런 국민의 여론은 뒤로 한 채, 포츠머스 조약을 맺고 곧바로 한국을 완전히 차지하기 위한 작전을 펼치기 시작했어요.

일본은 한국에 일본의 보호를 받아야 한다는 여론을 퍼뜨리면서 좀 더 효과 있는 조약을 맺기 위해 이토 히로부미를 한국에 보냈어요. 이토는 군대로 한국의 궁궐을 포위한 채 대신들을 겁주어 을사조약을 맺었지요. 이 조약 때문에 한국은 일본에 외교권을 빼앗겼어요. 수많은 한국 사람들이 항의하자 일본은 무력으로 이들을 탄압했지요. 한국의 고종은 네덜란드 헤이그에 밀사를 보내 조약이 부당하다는 사실을 알리려 했지만 실패하고 말았어요. 일본은 이를 빌미로 고종을 물러나게 하고 순종을 새 황제로 세웠어요.

일본은 대한 제국의 군대까지 강제로 해산시켰어요.

"황제 폐하, 이제 대한 제국에는 군대가 필요 없습니

다. 어차피 대한 제국은 우리 일본이 보살펴 줄 것입니다. 그러니 공연히 군대를 유지하기 위해 나랏돈을 축낼 필요가 없습니다. 이 기회에 대한 제국의 군대를 없애고 그 돈을 다른 곳에 쓰는 게 현명할 줄로 압니다."

군대가 없어진다는 소식을 들은 한국 사람들은 전국에서 의병을 일으켰어요. 이 의병들은 흩어진 대한 제국의 군대와 손잡고 더욱 더 큰 세력으로 성장하기 시작했어요.

원주에 이어 여주와 양구의 의병들은 해산된 군인들과 손잡고 일본군을 무찌른 뒤 읍내를 점령하기도 했어요. 또한 이강년과 신돌석은 서로 힘을 합해 경상도 문경에서 일본군 부대와 싸워 이겼지요. 그 이후로도 크고 작은 싸움들이 전국 곳곳에서 벌어졌어요.

뿐만 아니라 안중근은 대한 제국 초대 통감으로 부임했던 이토 히로부미를 저격했어요. 이처럼 한국 사람들은 강력하게 저항해 나갔어요. 그러자 위기감을 느낀 일본은 더욱 더 빠르고 강력하게 대한 제국에 대한 식민지 정책을 추진했어요.

이를 위해 1907년 7월 〈기유각서〉를 강제로 체결해 사법권을 빼앗아 갔어요. 기유각서에는 한

사법권

어떤 문제에 법을 적용해 법에 맞느냐 틀리느냐를 선언할 권리를 말해.

무력으로 조선을 억누른 데라우치
1852년 조슈번 무사의 아들로 태어나 군인이 되었다. 이후 3대 조선 통감으로 일하다 한일 병합 후 첫 번째 총독으로 우리 민족을 억누르며 통치했다.

국의 사법 및 감옥 사무가 완전히 갖추어질 때까지 감옥 사무를 일본 정부가 맡는다는 내용이 들어 있었어요. 이 각서에 따라 한국의 재판소는 문을 닫고 말았어요.

그리고 마침내 1910년 8월 22일에 일본은 한일 병합 조약을 강제로 체결하고, 8월 29일에 이 사실을 발표했어요.

조약 체결 후 일본은 한양에 조선 총독부를 설치하고 데라우치를 첫 번째 초대 총독으로 임명했어요. 그리고 총독이 우리나라에서 입법, 사법, 행정 등 3권을 모두 행사할 수 있게 했어요. 총독은 일본 정부의 통제도 받

 조선 총독부

1910년부터 1945년까지 일본이 우리나라에서 운영한 식민 통치 기구였어.

일본이 정한론을 펼친 이유가 뭘까?

1870년경 일본이 메이지 정부를 세우고, 다시 천황이 나라를 이끌게 되면서 일본은 조선에 사신을 보내 국서를 전달하고자 했어요. 국서에는 일본과 조선이 다시 사이 좋게 교류하자는 내용이 담겨 있었어요. 그런데 이때 일본의 문서에는 '황(皇)'이라든지 '봉칙(奉勅, 임금이 내린 명을 받든다는 뜻)'과 같은 용어를 사용했지요. 하지만 조선은 이와 같은 용어는 종주국(청나라)에서만 사용하는 것이라 하여 국서를 받지 않았어요. 사이고는 이 일을 두고 조선이 무례하다고 하면서 조선을 정복하자고 주장한 거예요.

하지만 이렇게 조선이 일본을 못 믿었던 데에는 이유가 있어요. 일본의 해적들이 삼국 시대부터 조선 시대에 이르기까지 한반도를 약탈했고 임진왜란 등으로 일본에 대한 불신이 쌓여 있었기 때문이랍니다.

지 않았어요.

데라우치는 우리나라 사람들이 모이는 걸 금지하고, 마음에 들지 않는 언론 기관은 문을 닫게 했어요. 그뿐 아니라 돈과 관련된 모든 일을 감독하고 동양 척식 주식회사를 앞세워 우리나라 사람들의 토지를 빼앗았어요. 이에 맞서는 사람이 있으면 재판도 하지 않고 참혹하게 고문하거나 무거운 벌을 주었지요.

사실상 우리나라는 일본의 식민지가 되고 말았어요.

동양 척식 주식회사
1908년에 일본이 한국의 땅과 자원을 빼앗기 위해 만든 식민지 착취 기관이었단다.

슬픈 역사가
반복되지 않게 하려면
우리는 어떻게 해야
할까?

조선에 들어온 새 문물

1884년, 우정국이 설치되었어요.
이때부터 평민들도 우편물을
받아 볼 수 있게 되었어요.

1899년 동대문과 흥화문
사이에 우리나라 최초의
전차(공중의 전선에서
전력을 받아 땅 위를
다니는 차)가 다니기
시작했어요.

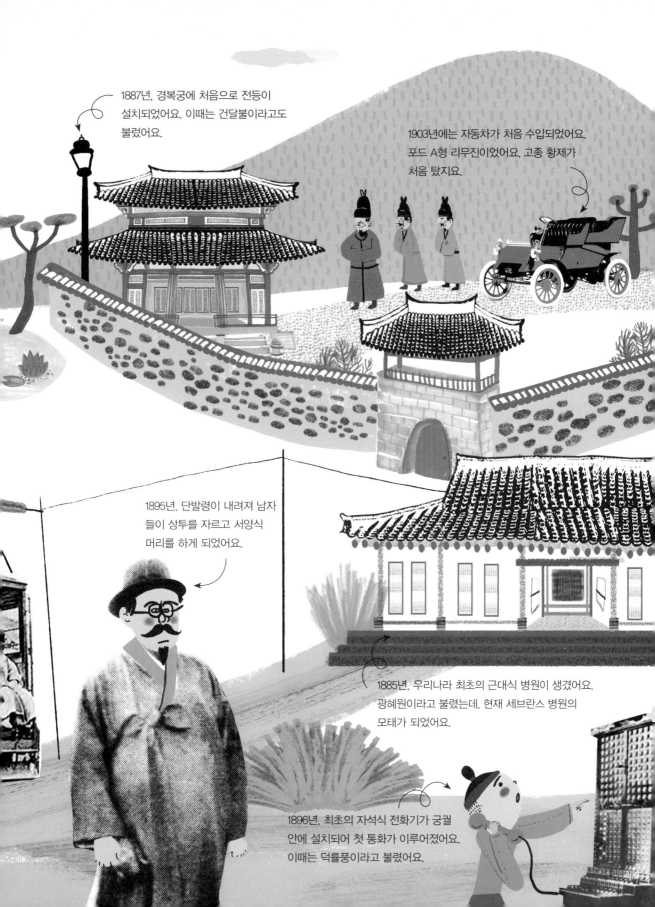

1887년, 경복궁에 처음으로 전등이 설치되었어요. 이때는 건달불이라고도 불렀어요.

1903년에는 자동차가 처음 수입되었어요. 포드 A형 리무진이었어요. 고종 황제가 처음 탔지요.

1895년, 단발령이 내려져 남자들이 상투를 자르고 서양식 머리를 하게 되었어요.

1885년, 우리나라 최초의 근대식 병원이 생겼어요. 광혜원이라고 불렸는데, 현재 세브란스 병원의 모태가 되었어요.

1896년, 최초의 자석식 전화기가 궁궐 안에 설치되어 첫 통화가 이루어졌어요. 이때는 덕률풍이라고 불렸어요.

찾아 보기

사진 자료 사용에 도움을 주신 곳

세계 속의 왕조

유럽, 이슬람, 인도, 중국, 한국

벨기에

└─ 왕 ─ 레오폴트 2세(1865년~1909년)

독일

└─ 황제 ┬ 빌헬름 1세(1861년~1888년)
         └ 빌헬름 2세(1888년~1918년)

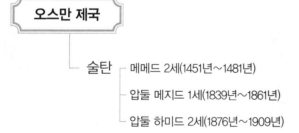

오스만 제국

└─ 술탄 ┬ 메메드 2세(1451년~1481년)
         ├ 압둘 메지드 1세(1839년~1861년)
         └ 압둘 하미드 2세(1876년~1909년)

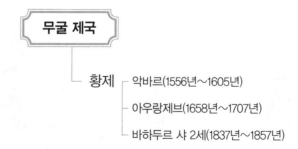

무굴 제국

└─ 황제 ┬ 악바르(1556년~1605년)
         ├ 아우랑제브(1658년~1707년)
         └ 바하두르 샤 2세(1837년~1857년)

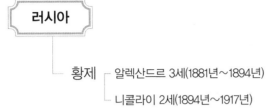

러시아

└ 황제 ┬ 알렉산드르 3세(1881년~1894년)
      └ 니콜라이 2세(1894년~1917년)

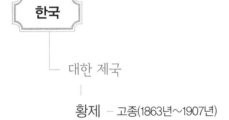

청나라

└ 황제 ┬ 함풍제(1850년~1861년)
      ├ 동치제(1861년~1875년)
      ├ 광서제(1874년~1908년)
      └ 선통제(1908년~1912년)

한국

└ 대한 제국
  │
  황제 ─ 고종(1863년~1907년)

*왕, 술탄, 황제 이름은 도서 내용에 포함된 것만 표기했습니다.

*이름 옆 괄호 안 연도는 그 자리에 있던 기간입니다.

9권에서는 전체주의와
제2차 세계 대전에 대해
알아보아요!